UN DISTRITO ELECTORAL PARA LOS PEX

UN DISTRITO ELECTORAL PARA LOS PEX
(PEX = Peruanos en el Exterior)

Autor: Jorge Carrión Rubio (*)

Título: UN DISTRITO ELECTORAL PARA LOS PEX
Primera Edición 2012
Autor: Jorge Carrión Rubio (JCR)

Exclusivo de:
Fundación Universidad Hispana (FUNHI)

Depósito Legal N° If78320123002385
Impreso en Venezuela por: Fundación Universidad Hispana (FUNHI)
Printed in Venezuela
Foto Portada: http://www.congreso.gob.pe
Todos los derechos reservados.
Esta publicación no puede ser reproducida,
Ni en todo ni en parte, ni registrada en o transmitida por,
Un sistema de recuperación de información,
En ninguna forma ni por ningún medio,
Sea mecánico, fotoquímico, electrónico, magnético,
Electroóptico, por fotocopia,
O cualquier otro, sin el permiso previo
Por escrito del autor
Site oficial del autor: www.distincionhonoriscausa.com
De los editores: FUNHI

A los 750 mil peruanos electoralmente registrados,
y especialmente a los casi cuatro millones de peruanos anónimos
que radican más allá de las fronteras.

UN DISTRITO ELECTORAL PARA LOS PEX

INDICE

ITEM		PÁGINA
Indice		05
Prólogo		08
Introducción		10
Capítulo I:	Por un Distrito Electoral para los PEX	12
	Derechos inalienables de los peruanos en el exterior	15
	Misión y Visión	19
	Acciones concretas	21
	El voto por una auténtica representación de los PEX	23
	Era cibernética	25
Capítulo II:	Campaña extraordinaria internacional: por nuestros inmigrantes informales	27
	Convocatoria	28
	Nuestra voz es nuestra consigna	29
	Consigna final	30
Capítulo III:	Notas, planes, apuntes y encuestas sobre los PEX	31

UN DISTRITO ELECTORAL PARA LOS PEX

Datos exactos del padrón electoral que arrojaron las últimas elecciones peruanas	32
Proponen que migrantes peruanos tengan cinco representantes en el Congreso	33
Encuesta PEX	35
Opinión: Manuel Rodríguez Cuadros (Ex – Canciller del Perú)	39
Empadronamiento de compatriotas que deseen Retornar…	41
Peruanos en Venezuela: Plan Migratorio Piloto.	46
Carta del Canciller	54

Capítulo IV: Un ejemplo a seguir:

Perú firma el uso de Apostilla de la Haya	60

Capítulo V: Entrevistas diplomáticas   61

Entrevista a Embajador del Perú en Venezuela	63
Apuntes sobre el nuevo Ministro de RR.EE.	71
Tertulia Vallejiana	74
Clamores diplomáticos 2020	77
Cartas al Cónsul del Perú en Caracas	83
Peruanos Residentes en el Exterior	88

UN DISTRITO ELECTORAL PARA LOS PEX

Capítulo VI: Relatos

El Indú, crónicas migratorias	93
Voces migratorias	97
Voces receptoras	102
Juan Pérez aéreo	107
Juan Pérez terrestre	110
Vida Subterránea	114
Sola	117
Solo	119
Volver al futuro	122
Deportado	125
Gotas de lluvia	127
Nuestro primogénito Juan Pérez	130
Relato electoral	132
Relato de retorno	139
Relato final: Estados fallidos	146

Apuntes Bibliográficos	151
Bibliografía General	152

UN DISTRITO ELECTORAL PARA LOS PEX

PRÓLOGO

Cuando el autor de estas páginas me pidió que prologara las mismas, le dije:

- ¿Cómo se te ocurre que en mi condición de ilegal realice semejante acto intelectual? Peor aún, no tengo ni la menor idea de cómo iniciar un escrito de esa naturaleza.

Así es que luego de explicarme las razones por las cuáles tenía que ser yo y mi anónima condición legal, y no otro, el que diera inicio a ésta especie de proclama existencial que reza: ¡Por un Distrito Electoral para los Peruanos en el Exterior!, aquí me tienen.

Me siento como el protagonista de aquellas series televisivas de misterio que suelen presentar al hombre invisible que todo lo puede a pesar que literalmente no existe. Alucino ser un súper héroe que pese a no existir tangiblemente con papeles que me den vida y reconocimiento público en el nuevo entorno donde vivo, sabe ganarse la vida haciendo amigos, aportando trabajo y conocimiento a su entorno. Y lo más importante, aunque no con nombre propio, soy reconocido y valorado por mi país de procedencia, es decir, me buscan, me llaman, comentan sobre mí como "el peruano".

Ante esos llamados me da la impresión de estar trabajando para el diario oficial El Peruano, o en su defecto, de representar al Estado, pues de alguna forma, de un tiempo a esta parte del camino trajinado más allá de las fronteras, creo que lo represento.

Lo represento a la hora de recibir las felicitaciones cada fin de semana cuando terminamos de realizar los empaques en la fábrica donde laboro. A todos nos congratulan en conjunto, pero siempre hay un pequeño añadido dirigido "al aporte del peruano". Quizás por eso, cuando a veces me atravieso con algunos compatriotas que de un momento a otro, por las difíciles circunstancias de estar fuera del mapa acostumbrado, se abandonan, les caigo encima y les recuerdo que al margen de la

UN DISTRITO ELECTORAL PARA LOS PEX

invisibilidad existencial que nos trae a este mundo, casi de bruces, hay un reconocimiento genérico a nuestra idiosincrasia trabajadora y buena gente. Y por ella, debemos de ponerle un extra a todo lo que hacemos. Creo que ahí está la clave del éxito de muchos de nuestros paisanos que ya tienen años dándole la vuelta a toda esta ruleta de la suerte.

Sin embargo, heme aquí este humilde servidor anónimo del Perú más allá de las fronteras que le sirve a su Estado sin la mínima intención de cobrarle nada a cambio, por el contrario, cada ahorro mensual, agenciándome a algún currier, me las ingenio para hacerles llegar a los míos unos cuantos ahorritos que permiten la educación y el sustento de mis raíces incaicas.

Explicado todo esto desde las vísceras de mi existencia, no entiendo, no comprendo, por más que me explican y me vuelven a explicar, por qué no podemos tener un interlocutor válido en el Congreso peruano que nos permita canalizar, con toda la tecnología a cuestas, nuestras demandas existenciales fuera del mapa peruano. ¿Por qué no crear un Distrito Electoral para los peruanos en el exterior?, si es que ésta es la forma legal apropiada para ayudar a nuestros consulados que a duras penas reconocen nuestra ilegal existencia, y pese a ello, lucen atados de manos para resolver nuestros problemas.

No sé si estas líneas cumplen con la formalidad de un prólogo, pero qué más puedo escribir desde mi anonimato, que exigir que al menos exista alguien que nos represente a nivel de la máxima legislatura del Estado peruano, para que nuestras vicisitudes formen parte del debate parlamentario, allá donde nuestros nombres son mínimamente reconocidos y sólo maximizados a la hora de contabilizar nuestras remesas económicas y nuestros votos.

Los invito a leer estas páginas y a hacerse eco de las mismas.

Juan Pérez

UN DISTRITO ELECTORAL PARA LOS PEX

INTRODUCCION

Nadie sabe con certeza cuántos peruanos residimos más allá de las fronteras. Son testigos, incontables entrevistas y conversaciones dentro y fuera del aire (radial) con Embajadores, Cónsules, diplomáticos en general que a lo largo de estas dos últimas décadas que nos desempeñamos en el área periodística, nos han venido revelando en diferentes medios y tertulias, la casi imposibilidad de saber con exactitud realmente cuántos somos en el exterior, o como diría el poeta de Santiago de Chuco, César Vallejo -quizás uno de nuestros primeros inmigrantes que salió del Perú casi por las mismas razones que salimos muchos de nosotros, es decir, con el dolor a cuestas-, *son testigos, los días jueves y los huesos húmeros, la soledad, la lluvia, los caminos.*

Aun así, hay cifras que hablan de un promedio de tres millones y medio de peruanos a cuatro millones esparcidos por el mundo, y a quienes el único común denominador que los une es el hecho de ser originarios del milenario Perú; pues parafraseando una vez más al vate de "Los Heraldos Negros", muchos de estos entre tres a cuatro veces un millón de peruanos, andamos buscando *un documento que pruebe que nacimos muy pequeñitos, y que, considerando nuestros documentos generales y mirando con lentes aquel certificado... alguien nos dé un abrazo emocionado, qué más da, emocionado,* pues lo único que buscamos es aportar conocimiento y trabajo por donde quiera que nos ubique el destino.

Los hay quienes huyeron de los políticos de turno, como es el caso del éxodo migratorio producido por el primer período gubernativo del Presidente García Pérez. Allí se ubican incluso, quienes huyeron del Estado y sus fuerzas militares, de las guerrillas y desmadres que aterrorizaron al país, de las hiperinflaciones económicas que circundaron el pan de cada día de los peruanos de fines del siglo XX. Allí nos ubicamos la gran mayoría de los que cruzamos las fronteras, pues el turismo de aventura que algunos pretenden contar para disimular sus crudas experiencias migratorias, son casos de excepción.

UN DISTRITO ELECTORAL PARA LOS PEX

Una vez ubicados fuera del mapa acostumbrado, todos somos diferentes y muchas veces indiferentes, pese a que las razones que nos unen saltan a la vista al tan sólo observar nuestros rasgos físicos o escucharnos hablar. Ricos, pobres, trágicamente pobres, blancos, negros, mestizos e indios, somos tremendamente desunidos. Hay un trabajo pendiente por hacer a todos los niveles para contrarrestar esta sintomatología existencial de los peruanos más allá de las fronteras.

Sin embargo, eventos anecdóticos como la práctica de alguna disciplina deportiva exitosa hace que nos demos cuenta que esta sintomatología existencial puede superarse al tan sólo ser convocados por el éxito y el sello bicolor patrio. De allí que nuestra convocatoria a los millones de peruanos que vivimos más allá de las fronteras es una convocatoria al éxito, pues todos, absolutamente todos, somos triunfadores, si enarbolamos los valores culturales que nos enseñaron nuestros ancestros, como son: la veracidad, la honradez y el trabajo: ¡Ama sua, ama llulla, ama quella, no seas ladrón, no seas mentiroso, no seas ocioso!

Soy un peruano como tú que reside hace más de 23 años en el extranjero. Estoy política e ideológicamente identificado con la reivindicación del inmigrante y escribo estas líneas para poner un granito de arena analítico en la comprensión que todos y cada uno de los peruanos debemos tener sobre la creación de un Distrito Electoral para los peruanos que vivimos en el extranjero.

Capítulo I

POR UN DISTRITO ELECTORAL PARA LOS PEX

¡Nosotros también somos Perú!

Los peruanos en el exterior sienten que existe una nula preocupación por ellos, irrespeto por su dignidad de ciudadanos, y que sólo son contabilizados a la hora de votar o de enviar sus remesas económicas. En tal sentido se hace ineludible esta arenga:

¡Nosotros También Somos Perú!

Queremos demostrar al poder político de turno que el Perú de hoy no puede contabilizarse en base a 1'285.215,60 Km2 de extensión territorial, pues existe un Perú más allá de las fronteras tan peruano como el habitual. Un Perú fuera del mapa acostumbrado que gracias a los avances de la tecnología, está tan enterado de sus afanes de país, como lo está cualquier ciudadano de costa, sierra y selva peruana.

Es poco lo que se puede esperar de un Estado centralista que, con sus recurrentes gobiernos de turno, termina mirándose el ombligo, explicando a través de los medios de comunicación lo bonito que va a quedar el corredor vial que va a unir los balnearios limeños acomodados, mientras nuestros eternos pueblos olvidados en las entrañas del Perú, incluidas muchas barriadas de la gran Lima, continúan a la vera del camino.

Pero este pueblo peruano más allá de las fronteras, al cual muchos lo configuran como virtual, por carecer de territorio físico, posee no una sino muchas razones para ser considerado dentro de la estructura del Estado peruano del siglo XXI. Y esta consideración debe superar la contabilización que en época electoral se realiza en base a las remesas económicas que los peruanos del exterior enviamos casi religiosamente a nuestros familiares en el Perú. Debe superar la inercia de la diplomacia peruana por implementar una mejor atención y asistencia a sus

UN DISTRITO ELECTORAL PARA LOS PEX

compatriotas más allá de las fronteras. Una mejor campaña por la imagen de los peruanos en el país donde residan. Una más adecuada y tecnológica cuantificación de quiénes y cuántos somos los peruanos que estamos realmente al servicio de nuestra patria, aun cuando hayamos, muchos de nosotros, obtenido la doble nacionalidad para un mejor desempeño laboral en el país donde residimos. Un exhaustivo abordaje a los más necesitados inmigrantes que no por el hecho de haber cruzado las fronteras ilegalmente, perdemos el derecho a ser amparados por nuestras autoridades estatales.

Este amparo, en tiempos virtuales debe estar al alcance de todo ciudadano peruano en el exterior a través del acceso vía internet a una base de datos que le permita un registro ante el Estado peruano, que a su vez posibilitará saber de su existencia. Pues acontece que este registro a la fecha sólo es posible realizarlo de manera física, y conocedores de la realidad de incertidumbre que conlleva estar sin papeles en un país diferente al nuestro, muchas veces sabemos de paisanos que al cabo de años, por alguna necesidad extrema acuden a sus consulados a proceder a registrarse, y otros, simplemente, por temor a ser detectados ilegales, nunca lo hacen. De allí que, de los tres a cuatro millones de peruanos, sólo un promedio de 754,154 mil está registrado y apto para participar electoralmente, lo cual constituye el 3,67% del padrón electoral de todo el país. Pese a ello, no tenemos un "Distrito Electoral de Residentes en el Exterior" como lo tiene Colombia, Ecuador, República Dominicana, Francia, Italia, entre otros países.

El artículo 90 de la vigente Constitución Política de la República del Perú, modificado a través de la Ley Nº 29402 del 8 de setiembre del año 2009, anexó a los peruanos en el exterior al "megadistrito" electoral de Lima, lo cual significa que nuestros votos se los reparten los congresistas del Perú llamado Lima. He ahí la paradoja, imaginemos que incorporásemos a Lima los distritos electorales de Arequipa, Pasco, Tumbes, etc., privándoles a sus electores la posibilidad de tener una voz que los represente en el Congreso de la República. Inmediatamente los peruanos de esos departamentos entrarían en pánico, pues sería inconcebible que congresistas ajenos a su realidad geográfica y social los representen desde el eterno centralismo limeño. Bueno, esa historia difícilmente superada a nivel nacional, regional y distrital en el Perú, es la que los peruanos del exterior vivimos y reclamamos en la actualidad como estandarte para darle un reconocimiento y representatividad concreta al Perú que también vive en Madrid, Buenos Aires, Caracas, Norteamérica y Asia, por mencionar algunos epicentros peruanos migratorios.

Algunos candidatos al Congreso peruano en las últimas elecciones tomaron como slogan "representar a los peruanos en el exterior". Sin embargo, cuando investigamos si efectivamente formaban parte del imaginario existencial que vive más allá de las fronteras, descubrimos que se trataba de algunos personajes político-empresariales que decían haber vivido muchos años en Europa o Estados Unidos, y que eso era suficiente para representar a los peruanos en el exterior.

Obviamente, si volvemos al ejemplo anterior, por más que hayamos vivido muchos años en nuestras queridas provincias peruanas, no podemos desde Lima pretender representarlos ante el Congreso siendo ocasionales visitantes o turistas. Qué sabe un limeño de la idiosincrasia de nuestros pueblos originarios, de la posibilidad de inserción en la sociedad ideal que ellos configuran, de las condiciones de trabajo que tiene un campesino o minero en el altiplano peruano, por mencionar dos de las labores más sacrificadas que constituyen el bastión de apoyo en la economía peruana. He ahí el fracaso de muchos de nuestros legisladores. Igualmente, para nuestro caso, qué saben los congresistas de Lima, que fueron electos con nuestros votos en las últimas elecciones, de los países donde vivimos, de su idiosincrasia, su cultura y leyes a favor y en contra de nuestra condición de migrantes. Y lo más importante, qué saben de nuestras auténticas posibilidades de inserción en las sociedades donde vivimos. Sabrán de nuestras actuales condiciones de trabajo, más allá de lo que dicen las frías estadísticas. Y tendrán una idea, al menos precaria, de nuestras condiciones, deseos y posibilidades de regresar al Perú.

Las estadísticas dicen que a cada 217,936 habitantes le corresponde un representante en el Congreso de la República, lo cual quiere decir que a

UN DISTRITO ELECTORAL PARA LOS PEX

los peruanos en el exterior matemáticamente le deben corresponder como mínimo 5 representantes en el Congreso. Este nuevo Distrito Electoral sería el sexto por el número de electores, que está entre Ancash (que tiene 5 congresistas) y Cajamarca (que tiene 6).

No debemos de quedarnos con los brazos cruzados ante la inacción del Estado peruano, pues nuestro reclamo existencial está amparado por la actual Carta Magna.

Artículo 31° *Los ciudadanos tienen derecho a participar en los asuntos públicos... Tienen también el derecho de ser elegidos y de elegir libremente a sus representantes...*

DERECHOS INALIENABLES DE LOS PERUANOS EN EL EXTERIOR

En medio de esta incertidumbre típica de los que somos sacados del mapa acostumbrado que nos trajo al mundo, es bueno saber que aún en nuestra condición de ilegalidad tenemos derechos inalienables según sea el país a donde hayamos emigrado, y que una vez más, lamentablemente a nuestros migrantes se les expide sólo un pasaporte con páginas en blanco, y con un nulo aleccionamiento adicional en el que se les recuerde e instruya sobre sus derechos inalienables al cruzar las fronteras.

En España, por ejemplo, en un trabajo Producido por la ONG Asociación Centro Cultural Peruano Español "César Vallejo", se explica que todo trabajador tiene el derecho al respeto de su dignidad y de su integridad física. Si sufres abuso verbal, físico o acoso sexual, puedes sentar una denuncia ante la policía o recurrir a organizaciones de asistencia a mujeres violadas y maltratadas (si fuere el caso), o a alguna asociación de emigrantes. En consecuencia, toda persona tiene derecho a:

- Conocer los hechos que motivan la detención y los derechos que asisten al detenido.

- Abstenerse, declarar o responder determinadas preguntas o a solicitar la presencia de una jueza para proceder a declarar.

- No declarar contra sí mismo o a no confesar culpabilidad.

- Nombrar a un abogado para la representación. En caso de que esto no sea posible, la persona tendrá derecho a solicitar que se le designe un abogado de oficio.

- Solicitar que se le comunique a algún familiar, amigo o al Consulado del Perú, la detención y el lugar donde se encuentra detenido.

E independientemente de su condición migratoria, los peruanos en España tienen derecho a:

- Asistencia sanitaria en caso de emergencias médicas.

- Asistencia sanitaria en caso de menores de edad (en todos los casos)

- Asistencia sanitaria de mujeres embarazadas (partos)

- Educación de menores de edad (para ellos tanto el menor como sus padres deberán estar empadronados en el ayuntamiento de su distrito).

Para el caso de Venezuela, con algunos matices de mayor solidaridad al ciudadano a través de las misiones socialistas implementadas por el gobierno bolivariano que entre otras cosas permite el acceso a la educación superior a través de la "Misión Sucre", ofertas de asistencia social y de salud como la "Misión Barrio Adentro", de abastecimiento económico como la "Misión Mercal", y agregamos algunos que independientemente a la condición migratoria en la que se encuentre la persona, le dan el derecho a:

UN DISTRITO ELECTORAL PARA LOS PEX

- Que le paguen por el trabajo realizado.

- No ser separado de los menores que están bajo su responsabilidad.

- Servicios básicos de higiene y alimentación.

- Guardar silencio, pues sólo hay obligación de proporcionar el nombre verdadero.

- No ser ubicado en la misma celda de un preso común.

- Ser tratado con respeto.

- Que le devuelvan sus pertenencias en el momento de salir del país.

- Que ninguna autoridad le pida dinero o favores sexuales. Si lo hace incurre en una grave irresponsabilidad ante la ley.

Todo este tipo de informaciones (por cada país) debe ser una constante informativa de los entes encargados de representarnos migratoriamente en el Perú y fuera de él.

A propósito de información migratoria, reproduzco un extracto de la nota "Los mitos sobre los servicios de inmigración de los Estados Unidos" del portal Univisión.com, en el que se despejan dudas y creencias sobre las políticas del país del norte con respecto a los inmigrantes, más aún, luego del 11 de setiembre de 2001. "Contra lo que muchos creen, hay trámites que pueden parecer sencillos, pero tardan meses, y hasta más de 10 años para concretarlos. Vivir situaciones "difíciles" en su país de origen no indica que EEUU le concederá asilo o refugio de inmediato. Para obtenerlo hay que demostrar que existe un miedo de "persecución creíble".

UN DISTRITO ELECTORAL PARA LOS PEX

Por cinco motivos específicos: raza, religión, nacionalidad, pertenecer a un grupo social específico o por opiniones políticas.

Casarse con un ciudadano estadounidense no significa que el contrayente recibirá de inmediato la residencia permanente o green card (tarjeta verde). Los cónyuges extranjeros deben demostrar que el matrimonio es por amor y no por interés para obtener un estatus legal. La residencia permanente se obtiene después de dos años de probatoria, tras una entrevista en que se debe demostrar la validez de la relación.

No todas las peticiones de asilo son aceptadas.

Tener una visa en el pasaporte no garantiza la entrada a EEUU

Tener visa de turismo o negocios (B-1 o B-2), con una duración de 10 años estampada en el pasaporte no significa que el portador puede permanecer 10 años en Estados Unidos. Con cualquiera de estas visas lo dejarán subirse al avión, pero será un agente de inmigración en EEUU quien le dirá si puede entrar, cuánto tiempo podrá permanecer y la fecha en que debe salir.

No hay estadía garantizada por seis meses o más portando una visa de turismo o negocios. Antes del 11 de septiembre de 2001 EEUU permitía este tipo de permanencias, que se podían prorrogar, pero después de los atentados del 2001 el tiempo de permanencia es menor y las prórrogas de estadía se conceden sólo en casos de emergencia. Cada caso es revisado individualmente.

Los turistas o extranjeros que ingresan con una visa B-1 a EU no tienen permiso para trabajar en el país. Los extranjeros que sí pueden hacerlo son aquellos a quienes sus visados se los permiten. Para averiguar si puede trabajar legalmente en Estados Unidos, llame gratis al número 1(800)375-5283.

UN DISTRITO ELECTORAL PARA LOS PEX

Los inmigrantes legales con trámite pendiente ante el servicio de inmigración no pueden salir de Estados Unidos a su propia discreción, pues corren el riesgo de perder todos sus derechos. Para hacerlo con garantías deben pedir un permiso de reingreso a la Oficina de Ciudadanía y Servicios de Inmigración (USCIS). Y los permisos sólo se autorizan en ciertos casos tras cumplir una serie de requisitos.

El mito más común es creer que el servicio de inmigración siempre tiene la razón. Es un mito que desanima a muchas personas, millones de inmigrantes que han perdido valiosas oportunidades porque creen que el gobierno de Estados Unidos nunca se equivoca. Pensar que inmigración siempre tiene la razón es lo mismo que aceptar el fracaso sin haber luchado por el triunfo, coincidieron abogados consultados por Univision.com."

MISIÓN Y VISIÓN

De manera que la misión que debemos emprender se debe centrar en cambiar radicalmente el punto de vista anacrónico del Estado que considera a los peruanos en el exterior alejados del Perú, no sólo por la distancia que nos separa físicamente del país, sino además y sobretodo, por la desatención con la que se nos trata.

Son más de dos mil quinientos millones de dólares (2,500) que ingresan anualmente al Perú producto de las remesas familiares de los casi 4 millones de peruanos residenciados en el exterior, ingreso mucho mayor incluso al que aporta la minería anualmente. De ellos, un promedio de 750 mil peruanos aproximadamente están registrados en los diferentes consulados peruanos ubicados en el mundo, como ya lo hemos anotado, el resto, vive en condiciones de riesgo, sin mayor amparo legal que la expedición de un salvoconducto por parte de su Consulado, en caso lo solicite, para posibilitar el retorno a su país de origen.

La crisis económica mundial, leyes excluyentes antiinmigrantes como la Ley SB1070 del estado de Arizona en EE.UU., o la directiva de retorno de la Comunidad Europea, son parte del acoso que circunda al colectivo migratorio peruano. Hasta el propio Secretario General de la Organización de Estados Americanos, José Miguel Insulza, afirmó en Lima, en el marco de la 40 Asamblea General de la OEA, que esta ley del estado norteamericano, así como la denominada directiva retorno de la Unión Europea, apuntan a reprimir artificialmente fenómenos que son naturales.

Es decir, hay que entender el fenómeno de las migraciones, como históricamente ha sido entendido por nuestros países sudamericanos que han recibido migraciones europeas, africanas, asiáticas, a lo largo de su historia, como un fenómeno natural, circunstancial, fenómeno que por cierto, jamás llegó a considerar la exclusión social como herramienta discriminatoria, mucho menos por decreto, como actualmente lo hace Europa y EE.UU., sino por el contrario, nuestra raza contemporánea y sus hombres de bien, son la mejor prueba de la inclusión social que tuvieron todos aquellos que quisieron quedarse a vivir en el Perú, como en otros países vecinos. Ellos, para nuestro Estado, son tan peruanos como cualquier peruano originario.

La inserción del Perú en el mundo en base a una política exterior sostenida y permanente, a través de los últimos gobiernos, ha priorizado la captación de nuevos mercados, pero el destino de estos recursos debe ser dirigido hacia la atención de los más pobres, y como caso de excepción prioritaria, debe crearse un ente con rango ministerial (Organismo Público Descentralizado, OPD), que permita auxiliar en caso de emergencia, a los motores y cartas de presentación del Perú en el exterior, que son los peruanos radicados más allá de las fronteras.

Cualquier peruano en condición de extrema necesidad, enfermedad o mal vivir, en el exterior, no es una buena carta de presentación para país alguno que pretenda negociar de igual a igual algún tratado comercial con el Perú. No es lo mismo negociar en igualdad de condiciones, que negociar con alguien que se encuentra con más de 10 millones de pobres y con necesidades extremas.

UN DISTRITO ELECTORAL PARA LOS PEX

ACCIONES CONCRETAS

- Darle escaños fijos en el Congreso a la representación de los peruanos en el exterior a través de la creación de un Distrito Electoral, en base a los lugares donde hay mayor cantidad de compatriotas. **Dos** representantes por el tercer mundo (Centro y Sudamérica: México, Argentina, Chile y Venezuela), **dos** por el primer mundo: uno por Norteamérica (EE.UU) y otro por Europa (España) y **un** quinto escaño por el resto del mundo;

- Impulsar la representación legislativa de los peruanos en el exterior, en aras de la defensa de sus intereses y de un amparo jurídico universal, avalada por el Estado peruano y aquél donde resida, a través de la creación de Consejos o Comités de Consulta autónomos;

- Crear un fondo económico en base al impuesto recaudado producto de las remesas que envían mensualmente los peruanos en el exterior, para casos de suma urgencia e indigencia más allá de las fronteras. El mismo puede ser manejado mediante la creación de una OPD autónoma;

- Trabajar sobre el acceso a la seguridad social de los peruanos en el exterior mediante convenios de Seguridad Social (salud y pensiones) con los diferentes países donde hay migración de coterráneos, para que a su retorno definitivo sean reconocidos sus años laborales en el exterior en su país de origen: Perú;

- Fortalecer el uso del gobierno electrónico en el Servicio Diplomático Consular, para una más rápida y desburocratizada atención de los peruanos en el exterior, pero al mismo tiempo hacer más afectivo el trato mediante incentivos de materiales didácticos, instructivos, libros, folletos, etc., a los ciudadanos que asistan a registrarse por primera vez, o a aquellos que lleven a sus niños a otorgarles la ciudadanía peruana, por citar casos ejemplares de peruanidad;

- Crear un mecanismo de incentivos que permita un mejor retorno al país de los peruanos que deseen hacerlo definitivamente. No basta con la Ley retorno DL. 28182;

- Formalizar el trabajo conjunto a nivel de la Micro y Pequeña Empresa (MYPES) con los peruanos en el exterior que deseen invertir o hacer negocio en el Perú;

- Iniciar negociaciones con los países para la eliminación mutua de requisitos de visas de turismo;

- Elevar la asistencia a los peruanos en el exterior, no permitiendo que por casos de indigencia extrema, como por ejemplo muerte, vayan a parar a fosas comunes;

- Promover homologaciones de títulos de estudios realizados fuera del Perú, convenios para becas de nuestros mejores estudiantes, con asistencia, ejemplo y asesoramiento de nuestros migrantes exitosos;

- Promover un medio de comunicación oficial: escrito y audiovisual sólo para proyectos, programas y producción independiente de los peruanos en el exterior, dentro y fuera del Perú, que estén al margen de las clásicas cadenas monopólicas comunicacionales, y que constituyan un medio escrito y una frecuencia en directo.

UN DISTRITO ELECTORAL PARA LOS PEX

EL VOTO POR UNA AUTÉNTICA REPRESENTACION DE LOS PEX

En cuestiones electorales los Peruanos en el Exterior (PEX) en las recientes elecciones al Congreso (2011), sin duda que partimos con mucha desventaja. Desde el mismo momento en el que se abrió esta convocatoria a la participación electoral de los peruanos radicados más allá de las fronteras, sin precedentes en la historia de nuestra colectividad migrante, pero al mismo tiempo sin el énfasis especial de los propios medios de comunicación en el Perú ni de los partidos políticos tradicionales, que a duras penas en las últimas elecciones escribieron unas cuantas líneas en sus planes de gobierno dedicadas a esta realidad peruana, virtual para ellos. Y lo que es peor, partidos políticos entre comillas "importantes", o mejor dicho, entre grandes inversiones publicitarias, que ni siquiera escribieron como candidatos al congreso a peruanos radicados en el exterior para que se encaminen a una auténtica representación de esta realidad migratoria, sino que sus candidatos eran radicados en el Perú. Es decir, sin previa experiencia migratoria, o en el mejor de los casos, reciente, a excepción de experiencias turísticas.

De manera que nos enfrentamos a un panorama adverso, debido a que los que nos atrevimos a hablar a nombre y en representación de los casi cuatro millones de peruanos en el exterior, y de los peruanos desplazados y olvidados de la gran Lima, no representábamos a los recurrentes partidos millonarios que fueron en búsqueda del voto casi en una especie de negocio, sin importarles el mensaje consciente y veraz que los acerque a un cambio radical y definitivo de estructuras de gobierno caducas divorciadas de la realidad de nuestra población de a pie, o de maleta en mano en búsqueda de un horizonte de vida. No pertenecíamos ni remotamente a esa mirada indiferente de muchos políticos que llegan al poder y en menos de lo que canta un gallo, niegan tres veces a su pueblo, postrándolo en el atraso y el olvido. Y escribo en plural porque una representación que se precie de enarbolar los derechos de los peruanos en el exterior, no debe obedecer a una aspiración particular, sino a la representación de un cúmulo de seres desplazados por la vida, radicados en Miami, Nueva York, Long Island, Toronto, Santiago, Buenos Aires,

UN DISTRITO ELECTORAL PARA LOS PEX

Madrid, Caracas, etc., que lo único que piden es comprender la realidad del mundo de hoy, donde un hombre que nace en un determinado país no deja de ser y existir para ese país por el sólo hecho de vivir en otro. Ahí está el aporte tangible de casi tres millones de dólares que ingresan anualmente al Perú, de quienes no dejamos de ser peruanos pese a las distancias que nos separan.

Nuestro trabajo político debe ser tecnológico, no sólo para dirigirnos a darle una tecnología de punta al Perú y sus jóvenes, sino para implementarles una relación directa -gracias a la cibernética- con nuestros puntos migratorios donde radicamos y tenemos gente trabajando con nosotros desde hace más de dos décadas: Europa, Norteamérica, Sudamérica y resto del mundo.

"Que la voz de los peruanos y su realidad en los distritos, como San Juan de Lurigancho, por ejemplo, con la de los peruanos radicados en Caracas, Miami, Madrid o Buenos Aires, sea escuchada y entrelazada a través de la implementación de medios de comunicación instantáneos vía web, y que estas voces y proyectos sean noticia instantánea en todo el mundo, para salvaguarda y enaltecimiento de nuestra cultura migrante", debe ser la punta de lanza de nuestra prédica cibernética.

ERA CIBERNÉTICA:

Tomamos el término «cibernética» porque la identificamos como «la ciencia de la organización eficaz» (Stafford 1978), por lo cual, debemos señalar que las tecnologías de la información y la comunicación (TIC) como las computadoras, los sistemas informáticos y las redes de comunicación, como la word wide web, constituyen sólo algunos de los múltiples recursos tecnológicos utilizados por la cibernética para el manejo de la complejidad organizacional.

La cibernética como ciencia de las totalidades ciertamente enfoca su quehacer hacia el estudio y regulación de la complejidad y ello puede verse como un fin último, pero, de ninguna manera se debe confundir a la cibernética con los recursos tecnológicos que ella pueda utilizar para alcanzar su razón de ser como ciencia. Este error, muy común en los usuarios del término, conviene aclararlo a los efectos de una mejor comprensión del tema.

Podríamos afirmar que la cibernética es la ciencia de la proyección del hombre, o mejor aún, la ciencia de la proyección de la naturaleza a través del hombre.

No puede existir, desde este punto de vista, la idea de invención o creación cibernética, lo que existe es la idea de isomorfirmo cibernético de la naturaleza, esto es, sólo copias del esquema de comportamiento y de los principios que rigen nuestro universo y los sistemas que en él interactúan a todos sus niveles.

De manera que cuando empleamos la cibernética, en realidad lo que hacemos es incorporar las leyes de la naturaleza a las cosas que somos capaces de crear.

En este sentido, podemos crear máquinas, organizaciones o sistemas de cualquier naturaleza, pero sin duda, el non plus ultra de estas creaciones, sería entonces la creación de una máquina a nuestra imagen y semejanza. (**)

UN DISTRITO ELECTORAL PARA LOS PEX

Situación que sólo la mencionamos a manera de desafío, pues bien sabemos que mientras más grandes sean nuestras aspiraciones de vida en este planeta, más grande será nuestro rol protagónico en el mismo. Así es que no se asusten si por algún momento se les atraviesa Frankestein por la mente, pues lo cierto es que la propuesta de utilizar lo cibernético, cuya característica esencial es constituir un modelo que emule al ser humano, es simplemente eso, aprovechar modelos operativos que tenemos a la vista en el hábitat en el que vivimos, para aplicarlos tecnológicamente e implementarlos en la sociedad del futuro que queremos para nuestros pueblos. Nos proponemos diseñar una propuesta académica, incorporando las leyes de la naturaleza que nuestros estudiantes a nivel primario y secundario conocen y manejan, hacia una etapa superior en la que sean capaces de crear y aportar profesionalmente a su propio entorno de vida, proyectos viables de cambio en su sociedad, pues poco o nada haríamos proporcionando laptop y becas para estudiar en el extranjero (vía los PEX), si previamente no hemos configurado un sistema inteligente identificado con el Perú, costumbres y tradiciones, en cada barrio capitalino o pueblo olvidado.

No nos extrañemos luego, si no configuramos el sistema, como lo vienen haciendo y ofreciendo últimamente algunos políticos y candidatos del statu quo, que haya fuga de talentos, o que aparezcan en la escena política peruana profesionales hechos en Harvard, que en apariencia física nos representen, pero que a la hora de firmar tratados o convenios internacionales dejen de representar a ese Perú del barrio o pueblo olvidado que sólo es recordado en épocas electorales.

No olvidemos que la economía peruana está históricamente orientada a actividades extractivas de minerales, de deforestación de la selva, pesca, etc., o sea, existe una total dependencia a lo que produce la naturaleza y no el hombre. Economía parasitaria similar a la venezolana y de países árabes que viven de la extracción y venta de petróleo, es decir, de la explotación de la naturaleza y no de la capacidad creativa de la gente. Por ello, este Distrito Electoral debe apuntalar la creatividad de nuestro colectivo migrante hacia el fortalecimiento de una educación liberadora.

Capítulo II

CAMPAÑA EXTRAORDINARIA INTERNACIONAL: POR NUESTROS INMIGRANTES INFORMALES

¿Qué cantidad de migrantes hay en el mundo? Es sin duda una pregunta sin respuesta que le pertenece a cualquier país sobre la faz de la tierra, que no la dejaremos de mencionar a lo largo de esta propuesta reivindicatoria de nuestra condición migratoria, y esto debido a que el hecho migratorio supera las estadísticas.

Esta realidad es tan cotidiana que le pertenece a todo ser humano consciente que a diario ve transitar y confluir a millones de personas, con su experiencia a cuestas, buscando su bienestar particular y común.

De modo que es una perspectiva universal y colectiva la que pretendemos llevar adelante en una campaña especial de concientización sobre la realidad migratoria mundial, pero con el protagonismo particular de nuestros compatriotas peruanos del exterior, que también son el Perú.

A través de ella pretendemos defender la libre movilidad de los peruanos más allá de las fronteras y el respeto a ésta como un derecho de todos los ciudadanos del mundo.

Nuestra campaña está basada en ideales de ciudadanía universal, solidaridad y fraternidad; y condena toda forma de discriminación, racismo y xenofobia.

Para la difusión de nuestro mensaje pretendemos utilizar espacios artísticos, culturales, académicos y deportivos del mundo, en los que queden claras las aspiraciones de reivindicación y respeto a nuestra condición de inmigrantes, más allá incluso de la legalidad.

Esta propuesta pretende adherir artistas, deportistas, personalidades de la política, la cultura y el espectáculo que crean en este planteamiento reivindicatorio. Ellos serían designados como Embajadores de Buena

UN DISTRITO ELECTORAL PARA LOS PEX

Voluntad de nuestros Migrantes. En distintos actos estos rostros conocidos recibirán de manos de nuestras autoridades oficiales un Pasaporte Universal, símbolo de esta campaña.

El Gobierno de la República del Perú, invitará a todos los ciudadanos y ciudadanas del mundo, a unirse con su firma, su voz y su participación, a esta campaña por el respeto de los derechos de los peruanos migrantes y de la interculturalidad.

CONVOCATORIA

Concientizar a la sociedad receptora de la mayor cantidad de colectividad peruana migrante, acantonada en Norteamérica (EE.UU.), Europa (España), Argentina, Chile y Venezuela, y el resto de países, sobre la importancia de la migración como elemento básico en el mundo globalizado del siglo XXI, para la generación de riqueza y progreso de los pueblos, gracias al aprendizaje intercultural y a la integración de nuestra diversidad cultural.

El reto de concientizar que se plantea es complejo, debido a la tendencia actual en materia de políticas inmigratorias sumamente duras y con rasgos discriminatorios, represivos y criminalizantes, que claramente atentan contra los derechos humanos de millones de seres que transitan por el mundo, y en los que nuestro país tiene un promedio de casi cuatro millones de migrantes.

Simbolizar nuestra campaña con un pasaporte universal otorgado a nuestras principales figuras mediáticas peruanas residentes en diferentes países del mundo, nos permitirá hacer eventos culturales y deportivos para abrir las puertas de la conciencia de las autoridades del país receptor hacia la firma de convenios por un mejor trato y acceso a superar las condiciones de ilegalidad que tienen la mayoría de nuestros millones de migrantes.

UN DISTRITO ELECTORAL PARA LOS PEX

NUESTRA VOZ ES NUESTRA CONSIGNA

Esta convocatoria más allá de tener como punto de partida en las líneas iniciales de esta propuesta, la creación de un Distrito Electoral para los peruanos en el Exterior con cinco representantes en el Congreso de la República, debe tener como consigna no sólo de los tres millones de peruanos que viven en el exterior, sino de los millones de peruanos que viven en el Perú, pues se estima que por cada 10 habitantes hay un familiar que radica más allá de las fronteras: un mejor trato a nuestros inmigrantes y adecuado acceso a superar las condiciones discriminatorias que se manifiestan últimamente en el mundo. Y debe recoger a su vez el clamor universal por los millones de seres humanos, de cualquier nacionalidad, que se encuentran en situación de vulnerabilidad por el solo hecho de ser migrantes. Debemos pretender en consecuencia, unir y elevar nuestras voces para:

- Darle el reconocimiento y reivindicación que se merecen los peruanos migrantes en el mundo, tanto para la sociedad de origen, el Perú, como para las sociedades de destino, pues nuestra laboriosidad y profesionalismo han sido reconocidos en el extranjero. En consecuencia hay que reconocer y reivindicar la preeminencia de sus derechos fundamentales por sobre cualquier otra consideración;

- Condenar toda forma de discriminación institucional y social contra los peruanos en ejercicio de su libre movilidad por el mundo, así como toda declaración o práctica que estigmatice o instrumentalice a nuestros migrantes con fines políticos, económicos o de cualquier otra índole;

- Decretar nuestra solidaridad con los peruanos migrantes que sufren o pueden sufrir medidas restrictivas, coercitivas y punitivas en cualquier país y condenar a toda administración, institución, grupo o persona que las promoviere o ejecutare;

UN DISTRITO ELECTORAL PARA LOS PEX

- Llamar a la comunidad internacional para que las políticas migratorias cuenten con un marco regulatorio multilateral, que aborde la integralidad de las causas y efectos de las migraciones desde la centralidad de las personas y sus derechos, sobre la base de un diálogo horizontal entre países de origen, tránsito y destino, y con el propósito esencial de garantizar la plena efectividad de los derechos fundamentales de las personas en situación de movilidad;

- Brindar todo el apoyo a actos públicos que, inspirándose en nuestra Campaña y en su ideario, promuevan el ejercicio de la interculturalidad desde una perspectiva reivindicativa y creativa.

CONSIGNA FINAL

Invitamos pues a hacer causa común con esta campaña descrita en estas páginas, no por lograr los cinco escaños que por derecho y de acuerdo a lo estipulado en la Constitución Política del Perú, le corresponde a los casi cuatro millones de peruanos en el exterior, ni mucho menos por la aspiración particular de algún partido o interés político específico, sino para lograr que esos escaños estén al servicio de los sueños reivindicatorios de nuestros inmigrantes, históricamente olvidados por nuestros gobiernos de turno.

Por ellos, que son el dolor mil veces, como diría Vallejo, no duden en hacer que estas páginas se reproduzcan hasta en el último rincón migratorio.

¡Viva el Perú dentro y más allá de las fronteras!

UN DISTRITO ELECTORAL PARA LOS PEX

Capítulo III

NOTAS, APUNTES, PLANES Y ENCUESTAS SOBRE LOS PEX

«750 MIL PERUANOS VOTARAN EN EL EXTRANJERO»

La población electoral peruana en el extranjero asciende a 754 mil 154 y la más numerosa reside en Estados Unidos con 240 mil 565 electores inscritos en el Registro Nacional de Identificación y Estado Civil (Reniec).

De acuerdo al Boletín Estadístico Población Electoral para las Elecciones Generales 2011, los electores peruanos residentes en el extranjero están ubicados en los cinco continentes del orbe.

Conforme a la cantidad de electores, 489 mil 563 viven en el continente americano, 229 mil 324 en Europa, 31 mil 852 en Asia, 31 mil 191 en Oceanía, y apenas 224 en tierras africanas.

La mayor población electoral peruana en el extranjero está ubicada en la nación estadounidense con 240 mil 565 electores, en segundo lugar se ubica la población residente en España con 123 mil 855 electores, y en tercer lugar figuran los electores de Argentina con 106 mil 665.

Otro grupo importante de electores se ubica en Japón con 30 mil 245 peruanos, también en Italia con 75 mil 203, seguido por Australia con 2 mil 823.

Entre los países con menor cantidad de electores peruanos se encuentran Marruecos con 26, seguido de Egipto con 39, y luego Sudáfrica con 104. Conforme a la distribución por género, la mayoría de la población electoral son mujeres con 410 mil 326 (54.41 por ciento), mientras que 343 mil 828 (45.59) son varones, situación que se replica en todos los continentes y países.

UN DISTRITO ELECTORAL PARA LOS PEX

Todos los datos consignados por la Reniec son obtenidos del padrón electoral y las cifras están referidas al total de ciudadanos aptos para votar. (La República.pe / Andina)

DATOS EXACTOS DEL PADRÓN ELECTORAL QUE ARROJARON LAS ÚLTIMAS ELECCIONES PERUANAS

Lo cierto es que el componente migratorio peruano que reside en Sudamérica, Centroamérica, Norteamérica, Europa, Asía y Africa, arrojó la siguiente estadística en las últimas elecciones peruanas, de acuerdo al órgano oficial peruano, Oficina Nacional de Procesos Electorales (ONPE):

- 716 mil 963 ciudadanos peruanos en el exterior estuvieron habilitados para sufragar en el Referéndum 2010 que determinó la aprobación del Proyecto de Ley de Devolución del Dinero del FONAVI. La cifra representó el 3.7 del padrón electoral, conformado para aquel entonces por 19 millones 595 mil 300 ciudadanos habilitados.

- La ONPE informa que para aquella fecha electoral: América alberga a 462 mil 120 ciudadano, equivalente al 64 por ciento de los electores peruanos en el exterior. Le sigue Europa con 220 mil 547 electores, que representa el 31 por ciento.

- El 5 por ciento restante se distribuye en Asia (4,4 %), Oceanía 0,4%, y Africa con apenas 205 ciudadanos (0.03 %).

- Considerando los países, el 33 por ciento reside en Estados Unidos, mientras 17 y 14 por ciento se sitúan en España y Argentina, respectivamente.

- Según el artículo 226 de Ley Orgánica de Elecciones, la votación se efectúa en el local de la Oficina Consular del Perú en el correspondiente país o donde señale el funcionario en caso de insuficiencia del local.

UN DISTRITO ELECTORAL PARA LOS PEX

PROPONEN QUE MIGRANTES PERUANOS TENGAN CINCO REPRESENTANTES EN EL CONGRESO

La cantidad total de peruanos hábiles para sufragar en el extranjero superó al de 16 regiones del país.

Parlamento Andino presentó reforma constitucional para que los tres millones de migrantes peruanos cuenten con cinco representantes en el Congreso de la República.

El Parlamento Andino-Perú presentó ante la Comisión de Relaciones Exteriores del Poder legislativo un proyecto de ley de reforma constitucional con el objetivo de que los 3 millones de peruanos en el exterior cuenten con cinco representantes directos en el Congreso de la República que velen por sus derechos ante la crisis económica mundial y de leyes antiinmigrantes.

Nuestros connacionales en el exterior son parte importante del desarrollo del país. En 2011 enviaron al país 2,700 millones de dólares, alrededor de un 9 % del total de nuestras exportaciones. Son personas que tuvieron que partir lejos del terruño para sacar adelante a sus familias y al país.

La propuesta del Parlamento Andino Perú, integrado por Alberto Adrianzén, Hilaria Supa, Hildebrando Tapia, Rafael Rey y Javier Reátegui, se sustenta, también, en el peso electoral cuantitativo de la diáspora nacional y lo que ello debería representar en la distribución legal de escaños.

Según datos oficiales, en el 2011, hubo 754 mil 154 migrantes peruanos hábiles para sufragar: por América, 498,563, por Europa, 229, 324, por Asia, 31,852, por Oceanía, 3,191 y por África, 224.

La cantidad total de peruanos hábiles para sufragar en el extranjero superó al de 16 regiones del país. Por ejemplo, a Ancash y a Puno que tienen similar población electoral, según la distribución de escaños, se les asignó cinco representantes en el Legislativo en las elecciones del 2011.

Para la elaboración de esta iniciativa legislativa, el Parlamento Andino Perú ha sostenido reuniones de trabajo con representantes de la Cancillería de la República, el Jurado Nacional de Elecciones, la Oficina Nacional de Procesos Electorales, Transparencia, la Comisión Andina de Juristas, Idea Internacional y la Comisión de Relaciones Exteriores del Congreso de la República.

De los 3 millones de peruanos en el exterior se estima que la mitad se encuentran en situación irregular. En los Estados Unidos, por ejemplo, se necesita dar un mayor impulso al "Dream Act", un proyecto legislativo que permitiría la regularización de jóvenes irregulares que se encuentren realizando estudios universitarios.

"Este y muchos otros temas necesitan ser trabajados con especial atención. No hay que olvidar que tanto en Estados Unidos como Europa, por la crisis, nuestros migrantes son utilizados como chivos expiatorios y son víctimas de leyes antiinmigrantes. Por eso es necesario que nuestros migrantes cuenten con sus propios representantes en el Congreso", comentó el titular del Parlamento Andino Perú, Alberto Adrianzén Merino.

15 de junio, 2012/rpp.com

UN DISTRITO ELECTORAL PARA LOS PEX

Encuesta PEX

ENCUESTA FAVORECE DISTRITO PARA PERUANOS EN EL EXTERIOR

Una reciente encuesta realizada por la agrupación Ofensiva PEX reveló que un 88% cree que los peruanos en el exterior deben participar activamente en la vida política del Perú y un 92% considera que deben tener una representación en el Congreso.

La encuesta se realizó, en forma anónima, entre el 28 de abril y el 4 de junio de este año, en 13 ciudades de Estados Unidos y tres de Canadá, donde residen más de la mitad de los peruanos en el exterior -que suman tres millones- según lo dio a conocer Kilder Fuentes, de Nueva York, quien dirigió la encuesta a nombre de Ofensiva PEX.

"La consulta también revela que la mayoría de los peruanos quiere un mejor servicio de los consulados y asesoría legal", indicó Fuentes. "Todos los encuestados coinciden que se lograría este cometido de contar con parlamentarios que conozcan de su realidad y problemática que tienen aproximadamente los tres millones de peruanos que viven y trabajan en el extranjero", agregó.

Un 67% opina que el servicio consular debería considerar trámites por Internet, asistencia legal para peruanos indocumentados y ayuda humanitaria, según señaló Fuentes.

Ofensiva PEX ha enviado una delegación a Lima para participar hoy en un fórum en el Congreso de la República y dar a conocer los resultados de esta encuesta. En el fórum participan autoridades del Jurado Nacional de Elecciones, además de congresistas y representantes de peruanos residentes en Canadá, Estados Unidos, Europa, Argentina y Japón.

"Hay cinco proyectos en el Congreso del Perú de casi todas las bancadas políticas", informó Norberto Curitomai, integrante en Nueva Jersey de Ofensiva PEX. "Estos proyectos modificarían la Constitución y

UN DISTRITO ELECTORAL PARA LOS PEX

aumentaría cuatro escaños en el Congreso a partir del año 2016 y crearían el Distrito Electoral de Peruanos en el Exterior", acotó.

NUEVA JERSEY/EDLP
19 de junio de 2012/ eldiariony.com

Encuesta

Hola estamos realizando una encuesta sobre los peruanos en el exterior. Esta encuesta es ANONIMA y CONFIDENCIAL y busca identificar los mayores obstáculos que tienen los *peruanos en el exterior*.

Por favor contesta cada pregunta de manera sincera; tu opinión es muy importante. Gracias por tu colaboración. Por favor sirvase Marcar con (√) ó (X) cada una de las preguntas.

1. ¿Cuál es tu Genero? ☐ Masculino ☐ Femenino
2. ¿Dónde ha nacido usted? ☐ En el Perú ☐ En el extranjero
3. ¿Cuántos años tienes?
   ☐ menor de 18 años ☐ 18 - 30 años ☐ 31 - 45 años ☐ 46 - 60 años ☐ mayor de 60 años
4. ¿Cuánto tiempo vives en el extranjero?
   ☐ menos de un año ☐ 1 - 5 años ☐ 6 - 10 años ☐ 11 - 20 años ☐ más de 20 años
5. ¿Actualmente, usted trabaja? ☐ Si ☐ No
6. ¿Usted envia dinero al Perú? ☐ Si ☐ No
7. ¿Cuánto dinero envia al Perú al MES?
   ☐ Menos de $100 ☐ $101 - $200 ☐ $201 - $300 ☐ $301 - $400 ☐ Más de $400
8. ¿Por qué motivo envia dinero al Perú? Usted puede marcar más de una opción
   ☐ Canasta Familiar ☐ Vivienda ☐ Educación ☐ Salud ☐ Inversión en negocios ☐ Todas las anteriores
9. ¿Cuál es su principal preocupación en el extranjero? Usted puede marcar más de una opción.
   ☐ Estatus migratorio ☐ Falta de empleo ☐ El idioma ☐ Discriminación ☐ Depresión/Soledad ☐ Otros
10. ¿Está usted inscrito en el consulado del Perú? ☐ Si ☐ No
11. Si su respuesta es NO ¿Por qué motivo no se inscribió en el consulado?
    ☐ No tengo tiempo ☐ No confia en el consulado ☐ Tiene temor ☐ Está muy lejos ☐ Otros
12. ¿Qué ayuda te gustaría recibir del gobierno peruano a través consulado del Perú?
    ☐ Atención mas rápida ☐ Ayuda legal ☐ Trámites por internet ☐ Atención los sábados ☐ Otros
13. ¿Usted conoce de la "ley del retorno" para los compatriotas que regresan al Perú?
    ☐ Si ☐ No
14. ¿Usted cree que los *peruanos en el exterior* deben participar en la vida política del Perú?
    ☐ Si ☐ No
15. ¿Usted cree que los *peruanos en el exterior* deberian tener un representante en el Congreso del Perú?
    ☐ Si ☐ No
16. ¿Diganos en que le favorecería a usted, un representante de los *peruanos en exterior* en el congreso del Perú? Usted puede marcar más de una opción.
    ☐ Mejor atención en los consulados ☐ Ayuda legal ☐ Ayuda humanitaria ☐ En nada ☐ Otros

Gracias por su colaboración!

UN DISTRITO ELECTORAL PARA LOS PEX

12.¿Qué ayuda te gustaría recibir del gobierno peruano a través del consulado del Perú?

Atención más rápida	52.84% (530)
Ayuda Legal	42% (157)
Tramites por Internet	14.26% (143)
Atención los sábados	10.67% (107)
Otros	2.89% (29)
No respondió	3.69% (37)

13.¿Usted conoce la "ley del retorno" para los compatriotas que regresan al Perú?

Si	15.75% (158)
No	84.25% (845)

UN DISTRITO ELECTORAL PARA LOS PEX

Opinión: Manuel Rodríguez Cuadros
(Ex – Canciller del Perú)

DERECHOS DE LAS COMUNIDADES PERUANAS EN EL EXTERIOR

Hasta inicios de los años 80 el Perú no era un país con indicadores importantes de emigración. A partir de esa época se produce una ola migratoria sin precedentes en la historia nacional. La depresión económica, las consecuencias negativas del ajuste estructural en el ámbito laboral y en las condiciones de la seguridad social, la presión generada por el conflicto interno y el fenómeno del desplazamiento, obligaron a cientos de miles de peruanos a buscar mejores medios de vida en el extranjero, especialmente en Estados Unidos.

En 1980 55,496 peruanos vivían como migrantes en Estados Unidos. Hacía 1990 el número se triplicó, llegaron 144,199. Actualmente la población peruana en EE.UU. asciende aproximadamente a un millón y medio. En el mundo se calcula la inmigración peruana entre dos y medio a tres millones de personas. Cerca del 8 o el 9 por ciento de la población nacional. El Perú es en la globalización un país de migrantes.

Esta realidad obliga al Estado a redefinir sus políticas tradicionales. Ya no se puede legislar sólo para el Perú de adentro, el Perú de "afuera" también existe.

A partir de las políticas restrictivas que se han adoptado en Europa y los efectos sociales de la crisis económica internacional, esta regulación es más urgente pues los peruanos y peruanas en el exterior están más expuestos a violaciones de los derechos humanos y de los derechos legales que los amparan. El Estado peruano debe proteger a las comunidades en el exterior del trato abusivo, de la explotación, de la aplicación ilegal y discriminatoria de la ley. Al mismo tiempo, debe promover su inserción legal y productiva. Pero la obligación mayor es incentivar la participación activa y dinámica de las comunidades en sus

UN DISTRITO ELECTORAL PARA LOS PEX

relaciones con el propio Estado peruano, con su patria, con sus culturas, con el imaginario nacional.

La Constitución no discrimina entre peruanos de adentro y peruanos de afuera. Es necesaria la aprobación de una ley de derechos de los peruanos y peruanas en el exterior, incluidos los derechos de participación, que les otorgue un trato en pie de igualdad con quienes vivimos al interior del país. Una ley que garantice sus derechos individuales, que norme las obligaciones y políticas del Estado central y de los gobiernos regionales en relación al acceso a los sistemas de salud y seguridad social; a la prestación de servicios administrativos, actos notariales y registrales; a la simplificación administrativa, protección legal y humanitaria; a la representación política en el Congreso y la promoción de ciudadanía; a la vinculación y proyección cultural que reconozca la diversidad y revalorice las manifestaciones culturales locales y regionales; a la promoción de su reinserción productiva en la economía nacional (reducción del costo del envío de las remesas, facilidades de inversión y adquisición de inmuebles) y en la ejecución de pequeños proyectos de desarrollo local y regional.

Diario La República

UN DISTRITO ELECTORAL PARA LOS PEX

Empadronamiento de compatriotas que deseen retornar
Ante la crisis económica y desempleo que sigue en Europa.

El parlamentario andino Hildebrando Tapia Samaniego pidió a los consulados peruanos en España, empadronar a un aproximado de 80 mil connacionales que deseen retornar al Perú a raíz de que del desempleo en Europa sigue en aumento. Según la última Encuesta Regional de Inmigración 2012 que realizó la Consejería de Asuntos Sociales de la Comunidad de Madrid, el 40. 52% de peruanos afincados en la capital por la aguda crisis económica estaría dispuesto a regresar al Perú.

Proyecto
De otro lado, Tapia sostuvo que su entidad elaboró y presentó una nueva Ley de Retorno que favorece a los migrantes que atraviesan una situación económica difícil: "Se debe crear un plan de retorno digno y de reinserción social. Debe haber mayor apoyo para que ellos se establezcan en el aspecto laboral, vivienda y salud", anotó.

No obstante, el legislador lamentó que el desempleo en la Eurozona haya subido a un máximo histórico impulsado por despidos en Francia, España y Austria. "El desempleo continuará subiendo hasta que no se vea una mejora en la economía y eso todavía demorará, lo cual continúa perjudicando a nuestros compatriotas y a miles de migrantes de diferentes lugares del mundo", sostuvo.

Panorama internacional
La Oficina de Estadísticas de la Comisión Europea (Eurostat) informó que casi 17.56 millones de personas no tienen empleo en el continente europeo que comprende a 17 países. Asimismo, en los últimos catorce meses, la cifra total de pobladores sin trabajo en la Eurozona subió en casi dos millones de personas.

Por otro lado, España tiene la peor situación puesto que presenta un desempleo de 24.6% en mayo de este año en su población económicamente activa. La Consejería de Educación y Empleo de la

UN DISTRITO ELECTORAL PARA LOS PEX

Comunidad de Madrid señaló que casi 7,000 migrantes peruanos se encuentran sin trabajo en Madrid (España).

El dato
El parlamentario andino Hildebrando Tapia Samaniego pidió a los congresistas de la República debatir y poner en aprobación los proyectos de ley que beneficien el retorno de los peruanos para que no sigan pasando penurias en tierras extranjeras.

Diario Expreso, Julio 9 de 2012

OPINIONES DE LA WEB

Es cierto que los PEX, necesitamos un representante en el congreso?
Yo pienso que NO, lo digo por qué no es necesario un congresista, por qué nos costará un ojo de la cara mantenerlo cinco años, sé que un congresista nos cuesta a todos los Peruanos, entre CUARENTA MIL dólares mensuales, teniendo en cuenta que no es solo el sueldo del congresista, tienen, asesores, secretarias, seguridad, vehículo, chofer, seguridad, y toda la infraestructura de su oficina, si sumamos los CUARENTA MIL dólares por CINCO años, estaríamos gastando la suma de DOS MILLONES CUATROCIENTOS MIL dólares solo en un congresista y si son CINCO, estaríamos botando 12 MILLONES DE DÓLARES, si esta astronómica suma, se distribuyera solo el 50% en los consulados del Perú, para mejorar los servicios, a realizar una verdadera asistencia social humanitaria a favor de nuestros compatriotas que caen en desgracia, actualmente conocemos muy bien que no existen asistencia social, ni apoyo jurídico legal en los consulados del Perú en el mundo, como dice en el reglamento consular.

Desde la ciudad de Milán- Italia, hago un llamado a los PEX, para no seguir creando más BUROCRACIA. También sabemos, que se va a crear el Vice- Ministerio del inmigrante, que dependerá siempre de RR.EE. para mantener todo este aparato burocrático, de donde saldrá el dinero?, con toda seguridad, pagaremos más por los trámites que por fuerza tenemos que realizar en los consulados.

UN DISTRITO ELECTORAL PARA LOS PEX

Seguramente, que mi opinión no será del agrado de muchos, pero tengo la seguridad que la mayoría estarán de acuerdo con mi opinión.

Víctor Villanueva Bolaños.

En referencia a los comentarios opuestos a la creación de los PEX, quisiera hacer entender a los que se oponen, que esta delegación de los PEX que está en Lima, donde están participando emigrantes de Canadá, USA, España, Italia, Argentina y Chile, (ojo que no sólo se trata de los que viven en Nueva York) es una agrupación multipartidaria y de personas independientes (como es mi caso) que solamente "complementa" las iniciativas presentadas en seis ocasiones por Congresistas de las diferentes agrupaciones políticas, que entienden que es un derecho fundamental que se le está quitando a los ciudadanos Peruanos que viven en el extranjero, porque LA LEY, ni la Constitución, hace ningún distingo entre ciudadanos que viven dentro o fuera del País. Es necesario que todos entendamos que porque vivimos en el exterior, no dejamos de ser ciudadanos Peruanos,... ahora bien los que se oponen a este "derecho constitucional" de todos los ciudadanos quizás ya no quieran ser ciudadanos Peruanos, y están en su derecho de hacerlo. Lo que no está bien bajo el punto de vista de cualquier persona 'sensata" y del punto de vista político, es que haya personas que quieran quitarle ese derecho a los que SI quieren seguir siendo ciudadanos Peruanos. Los que opinan en contra más parece ser que lo hacen por razones personales, o por celos de los que están peleando por esta causa, o por ignorancia, o simplemente por egoísmo ya que solo están pensando en su situación personal. Lo que se ve claramente es que se sienten "ofendidos" porque ellos no fueron consultados... o como que su opinión (que es adversa a la ley y al derecho constitucional) pretenden hacer quedar mal a los que creemos y apoyamos esta causa. Me parece una tremenda ridiculez el que quieran contradecir todas las opiniones favorables a esta medida de crear el nuevo distrito electoral número 27, para todos los "ciudadanos Peruanos del exterior" de por ejemplo: El Jurado Nacional de Elecciones, La Cancillería o Ministerio de Relaciones Exteriores, de la ONPE (Oficina Nacional de Procesos electorales), de la Comisión de Relaciones Exteriores del Congreso, del Parlamento Andino, de todos los

UN DISTRITO ELECTORAL PARA LOS PEX

Congresistas que apoyan esta propuesta de ley (ahora son la mayoría), del Ministerio de Economía, de los Colegios Profesionales del Perú y de mentes brillantes como el Dr. Enrique Bernales Ballesteros, del Dr. Fernando Tuesta Solvedilla y de innumerables editores de diarios y medios nacionales donde dicen: "No es posible que quienes elijan" no lo hagan del conjunto de los miembros de la circunscripción en donde estas personas y los electores forman parte, debido a que esto es el NUDO FUNDAMENTAL DE LA REPRESENTACIÓN.

Más claro que el agua no puede estar. Los que se oponen no se quieren considerar Ciudadanos Peruanos y ellos más bien en vez de criticar esta propuesta, deberían "renunciar" a su ciudadanía y simplemente no votar porque no se le puede "cercenar" la posibilidad a los ciudadanos Peruanos del extranjero, de elegir de manera directa, clara y precisa a sus representantes.

Finalmente para los que dicen que nosotros no pagamos impuestos en el Perú, es bueno que "aprendan" que de los 2,697 millones de dólares que se enviaron en remesas en el 2011, estas generaron un IGV automático de más de 485 millones de dólares, estas cifras también cada año aumentan en un 5 a 6 %, o acaso creen que ese dinero que ingresa no se gasta en compras de canasta familiar, educación, salud y otros que cada vez que pagan tienen que pagar un IGV. Obviamente no saben lo que hablan, los que dicen "saber". Tampoco consideran que nuestro aporte es similar al que produce toda la industria minera del país y que casi equivale a un 3% de PBI de la Nación. Estos ingresos solamente van directamente a la riqueza de la Nación y es nuestro aporte para reducir la pobreza del país. Es fácil hablar y es aún más fácil criticar pero es mejor estar enterado de estos datos antes de hablar. Además ni siquiera toman en cuenta que la realidad de nuestros paisanos que viven en Europa, Asia y América del Sur, es totalmente diferente a la que nosotros vivimos en USA, donde un gran número de ellos por no decir la mayoría vive en condición ILEGAL ....y yo les pregunto: Quién habla por ellos?...por eso es necesario que los que puedan hacer el esfuerzo y sacrificio personal de viajar a interceder por ellos para que sean representados, sean más bien reconocidos y no crucificados, porque estoy seguro que ninguno de ellos

UN DISTRITO ELECTORAL PARA LOS PEX

(los críticos) estaría dispuesto a hablar o gastar un centavo en representación de ellos. Basta de inmadurez, basta de envidia, basta de celos personales, basta de desinformar, basta de humillar, basta de insensatez, basta de egoísmos, basta de caprichos. Es hora de demostrar UNIDAD, es hora de mostrar sensibilidad, es hora de que también aportemos en la vida política de nuestro País que tanto criticamos desde afuera.

Si no te gusta ser ciudadano Peruano, no votes, ni opines tampoco si no vas a ofrecer soluciones. Estamos cansados de vivir entre cangrejos que apenas ven que alguien sale a hacer algo lo queremos jalar para abajo. Basta de tanta mezquindad y finalmente ¡Que Vivan Los Peruanos del exterior!

Atentamente y agradeciendo tu gentileza.

JCR/Peruanos del Exterior

UN DISTRITO ELECTORAL PARA LOS PEX

Peruanos en Venezuela: Plan Migratorio Piloto.

Dr. Federico Valencia Tello

Todos los Derechos para Todos los Peruanos.
Vamos a Hacerlo Entre Todos.

1.- Situación actual.

1.1 La inmigración peruana se inició en 1960 según el Ministerio de RR EE. Es decir hace 52 años, habiendo transcurrido por los menos 10 gobiernos durante ese período

1.2. No hay estadísticas oficiales sobre la cantidad y menos características de la población que emigró a Venezuela durante esos años. Hay algunas cifras que nos pueden dar cierta información, pero no son fiables.

Así si consultamos el Padrón electoral hay un total de 27.743 peruanos aptos para votar, esparcidos por todo el territorio nacional (20 Estados) aunque hay indicios de mayor concentración en la Capital y Estados cercanos y en el Estado Guayana, zona donde están ubicadas las Empresas básicas del Acero y Aluminio.

Según datos ofrecidos por el Ministerio de RR EE de acuerdo a un documento de la Secretaría de Comunidades Peruanas en el exterior del año 2005, Venezuela tiene el 6.13 % de los PEX. Representados por 115.200 peruanos ubicados alrededor de los dos Consulados existentes en el país. Así, en el CG Caracas están ubicados 100.00 peruanos de los cuales 61.922 son regulares y 38.078 son irregulares. En el CG Puerto Ordaz radican 15.200 de los cuales 11.200 son regulares y 4.000 irregulares. Es decir hay 73.122 regulares y 42.078 irregulares, 33 % son irregulares y 67 % regulares.

Según el Saime, sistema de identificación de Venezuela, hay 61.922 regulares.

De acuerdo a recientes declaraciones del Embajador (El Nacional del mes de enero) probablemente existen alrededor de 90.000 personas en situación irregular. Partiendo de esa cifra se puede pensar que el total de conciudadanos en Venezuela es mucho mayor de lo que se cree.

Si hacemos una proyección, teniendo en cuenta que la población irregular representa el 40 % de los peruanos en Venezuela, significa que en este país viven por lo menos, de acuerdo a la información dada por la Embajada Peruana en Venezuela: 225.000 conciudadanos.

1.3 Si evaluamos desde el presente hacia atrás, podemos concluir que la situación no ha cambiado mucho. Persisten los problemas graves de los irregulares, que acuden con urgencia al Consulado para solicitar frecuentemente sus documentos de identidad peruanos (DNI o Pasaporte) indispensables para paliar su situación en este país, así como también hacer los otros trámites que presta el Consulado, el cual se congestiona rápidamente, dado que sus instalaciones ni personal son suficientes para atender a tan elevada población. Y sin contar con el otro porcentaje de peruanos que esporádicamente asisten para los trámites regulares.

1.4 También tenemos que examinar las obligaciones y los derechos políticos, sociales, jurídicos que todos los peruanos en el exterior tenemos que ejercer, pero que se diluye dicha posibilidad debido a que no hay hasta la fecha leyes específicas que regulen y reglamenten su ejercicio.

1.5 En realidad son los países de acogida los que han asumido con generosidad la responsabilidad de cubrir todas las demandas de los peruanos.

UN DISTRITO ELECTORAL PARA LOS PEX

2.-Principios Básicos del Plan.

2.1.- Todos los derechos para todos los peruanos. No debe quedar ningún peruano en el exterior sin poder ejercer todos los derechos que cualquier conciudadano que viven en el suelo patrio puede ejercer.

2.2.- Participación protagónica y activa en la formulación y ejecución del plan. ¿Quién puede pensar que en la solución de un problema vital no participe el interesado? Es, él mismo, que tiene que plantear la solución a su problema, cambiando aquella visión asistencial o paternalista, que se le ha dado tradicionalmente.

2.3.- Convocar a todos, sin discriminación alguna, tanto instituciones, como a las personas que estén interesadas en participar en este plan.

2.4.- Convocar, motivar y producir en el Estado y Gobierno Peruano la debida atención y ejecución del presente plan, para los peruanos en el exterior y en particular para los que se encuentran en Venezuela.

3.-Objetivo.

Desarrollar un plan integral migratorio realista y factible para los inmigrantes peruanos en Venezuela, pensando sobre todo, en los que se encuentran en situación irregular, por ser los más vulnerables y los que demandan con mayor urgencia una solución definitiva a su grave situación social consecuencia de su situación migratoria.

Dada las óptimas condiciones en la que se encuentran las relaciones entre Perú y Venezuela, pensando sobre todo en el plano migratorio, así como el interés actual que el nuevo gobierno peruano ha expresado al respecto, consideramos que es el mejor momento para plantear la solución integral y definitiva al enorme problema de estar ajeno a sus derechos. Este plan, por tanto, podría servir, a modo de ensayo, para el diseño de una política migratoria nacional peruana más acertada, que responda efectivamente a las necesidades concretas que demandan los inmigrantes. Y no dejar en los países de acogida toda la responsabilidad del problema.

4.-Metas.

Estas metas se podrán alcanzar gradualmente en el corto, mediano y largo plazo.

1- Constitución de la Comisión del Plan Piloto.

2- Construcción de la red: Cuéntate Perú. Tú lo decides. (en marcha)

3- Optimización de los procedimientos y costos consulares.

4- Atención consular proactiva para los peruanos inmigrantes.

5- Diseño de un sistema de información claro, oportuno y veraz a través de medios al alcance de los interesados y por voceros autorizados.

6- Activación de la Declaración para facilitar la regularización de los ciudadanos peruanos en Venezuela.

7- Concertación Institucional de los colaboradores civiles y religiosos, tanto los constituidos como personas jurídicas o naturales.

8- Elaboración de estrategias de difusión del Plan tanto a nivel de Venezuela como en el Perú.

9- Elaboración del Proyecto de factibilidad y de recursos.

UN DISTRITO ELECTORAL PARA LOS PEX

10- Elaboración de iniciativas legislativas con participación de los interesados

1- Constitución de la Comisión del Plan Piloto.

La Comisión, debería estar integrada por representantes de la Comunidad Peruana, dedicada a tiempo completo a esta actividad y comprometida a desplegar todo su esfuerzo para llevar a cabo este Plan. El número de miembros debe ser suficiente como para garantizar representatividad y asegurar el cumplimiento de las metas fijadas.

2.- Red: Cuéntate, tú decides

Consiste en desarrollar todo un tejido humano a través de responsables de grupos de no más de 20 personas, que estén identificadas e interconectadas entre sí, permitiendo que fluya información calificada en toda dirección.

El objetivo de esta red, como su nombre lo indica, es buscar la participación y el protagonismo, facilitando a cada conciudadano la posibilidad de esforzarse, por sí mismo, en la búsqueda de la solución de sus problemas migratorios, contando con la colaboración de las autoridades y funcionarios del Estado Peruano, constituyéndose un solo equipo para el éxito. Así modificamos la imagen asistencial y paternalista que hasta ahora se le ha dado a este problema.

Como no sabemos cuántos peruanos residimos en cada país de acogida, podemos utilizar esta red para estimar con mayor aproximación la "cifra" de los peruanos en el exterior y, sobre todo, saber, cuántos de estos están en situación irregular. Además, podemos, por fin, ubicar el lugar donde viven o realizan sus actividades cotidianas y comerciales.

A través de esta red correrá con oportunidad, veracidad y seguridad información desde la misma fuente de información, logrando credibilidad y confianza en los participantes, que muchas veces son sorprendidos con ofrecimientos tendenciosos y nada reales causando,

UN DISTRITO ELECTORAL PARA LOS PEX

agudizar el problema, creando decepción y desasosiego en los interesados, al ver frustradas las expectativas promovidas por información falsa, tendenciosa e interesada o, contrariamente, enterarse a destiempo, la posibilidad de acciones beneficiosas.

3.- Optimización de los procedimientos y costos consulares.

Los Consulados son instituciones indispensables y los únicos al alcance de todos los peruanos en el extranjero. Así que tienen un rol protagónico y son la única cara visible de los gobiernos. En él, se refleja en Estado en general. Son muy evaluados y cumplen actividades de vital importancia para los usuarios como es el de la identidad junto con otros procedimientos, como registrales, notariales, judiciales, militares, administrativos etc., pero su capacidad instalada actual está desbordada y no precisamente por responsabilidad de los funcionarios. Al contrario ellos realizan denodados esfuerzos para cumplir sus obligaciones, con los escasos recursos físicos, presupuestarios y de personal de que disponen.

Se debe revisar el procedimiento de cada uno de los que presta el Consulado sobre todo el referido a los documentos de identidad como el DNI y el Pasaporte, para que sean más expeditos y menos costoso no en el arancel consular en sí mismo, sino en aquellos agregados para obtenerlo: el número limitado de personas que atienden en las oficinas del consulado, el tiempo que duran los trámites así, como el tener que trasladarse hasta la sede incrementando el costo y el riesgo, que ello implica.

4.-Atención consular proactiva sobre todo para los peruanos inmigrantes.

Es indispensable reafirmar la confianza de toda la comunidad peruana en su representación diplomática y sobre todo en su Consulado. La mejor manera es a través de información veraz y oportuna, asegurando que llegue a toda la comunidad utilizando la Red: Cuéntate Perú. Tú lo decides.

UN DISTRITO ELECTORAL PARA LOS PEX

5.-Diseño de un sistema de información claro, oportuno y veraz a través de medios al alcance de los interesados y por voceros autorizados.

Se debe asegurar que la información que se divulgue en la comunidad debe ser cierta, para evitar distorsiones que provoquen falsas expectativas o malestar. La fuente tiene que estar identificada, para asegurar el propósito y evitar malos entendidos.

6.-Activación de la Declaración para facilitar la regularización de los ciudadanos peruanos en Venezuela.

En esta declaración, el Gobierno de la República Bolivariana de Venezuela manifiesta su decisión de emitir una Resolución que permita regularizar la condición migratoria de los nacionales peruanos que viven en Venezuela y otorgar residencia a quienes los soliciten, conforme a lo establecido en el ordenamiento jurídico vigente.

Frente a esta declaración, la Comunidad Peruana debe alentar a las autoridades venezolanas y funcionarios peruanos, el diálogo para que se emita lo más pronto posible esa Resolución que debería establecer los requisitos, pasos y lapsos para la regularización mencionada.

7.- Concertación Institucional de los colaboradores civiles y religiosos, tanto los constituidos como personas jurídicas o naturales.

Existen numerosas instituciones de todo tipo, religiosas, sociales, deportivas, políticas, culturales etc., así como numerosas personas que generosamente se dedican a actividades que tratan sobre la comunidad peruana y que han sido y son el sostén generoso del nivel alcanzado por esta comunidad y es necesario que se reconozca. Sería beneficioso y eficiente que entre todos, los que así lo deseen, se acuerde respaldar esta iniciativa a través de una coordinadora o algún otro mecanismo que agrupe a todas sin que dejen de continuar con la labor específica a la que se dedican.

UN DISTRITO ELECTORAL PARA LOS PEX

8- Elaboración de estrategias de difusión del Plan tanto a nivel de Venezuela como en el Perú.

9.- Elaboración del Proyecto de factibilidad y de recursos

10.-Elaboración de los proyectos de las iniciativas legales con la participación de los interesados.

    1.-Reforma de Consejo de Consulta

    2.-Creación del Circuito Electoral de peruanos en el exterior.

    3.-Telemática Consular.

    4.-Reforma de la Ley de incentivos de retorno.

    5.- Ley para la validación y Equivalencia de Títulos de estudios básicos y profesionales.

    6.- Programas de Educación a Distancia con valor oficial.

    7.-Programas de financiamiento para Mypes y adquisición de vivienda.

    8.-Sistema de acceso a Seguro Social.

    9.-Presupuesto para financiamiento de actividades de promoción y apoyo al PEX.

    10.-Reconocimiento de Instituciones civiles, deportivas y culturales de los PEX.

    11.- Modificación de la ley de Nacionalidad Peruana.

    12.- Creación en el ejecutivo de la Alta autoridad de PEX.

UN DISTRITO ELECTORAL PARA LOS PEX

Carta del Canciller: a propósito del homenaje 2011 a nuestro primogénito Juan Pérez: el poeta César Vallejo

Lima, 1 4 DIC. 2011

CARTA (GAB) N° 8-49-A/1

Señor
Jorge Carrión Rubio
Fundación Universidad Hispana
Caracas.-

Es grato dirigirme a usted con relación a su atento mensaje en el cual hace referencia al homenaje que viene organizando la Fundación Universidad Hispana (FUNHI) y la Asociación de Periodistas Peruanos en el Exterior (APPEX), ambas entidades con sede en la ciudad de Caracas, al poeta César Abraham Vallejo Mendoza, quien es considerado por el crítico literario Thomas Merton como "el más grande poeta universal después de Dante".

Como bien lo señala usted, César Vallejo simboliza, sin lugar a dudas, la imagen del migrante peruano que salió de su país en búsqueda de mejores perspectivas en el campo literario, intelectual y laboral, desplazándose por Europa, recorriendo Francia, España y Rusia sin haber logrado retornar a su entrañable país de nacimiento, en donde irónicamente le esperaba un juicio. Esa difícil situación le motivó al poeta peruano el sentido poema denominado "el momento más grave de mi vida", en alusión a la carcelería que sufrió en la ciudad de Trujillo, ciudad que posteriormente le rindió un merecido desagravio, al igual que la Corte Suprema de Justicia en el año 2007.

Esta dolorosa experiencia, similar a la de muchos compatriotas peruanos residentes en el exterior, no es indiferente al Gobierno del Presidente Ollanta Humala. Muestra de ello son las acciones que se vienen llevando a cabo en Venezuela y otros países, que están materializando proyectos significativos para la mejora de la atención que brindan nuestros Consulados en el exterior, como, por ejemplo, la entrega directa de pasaportes mecanizados en un plazo máximo de 48 horas, la reducción de los plazos para la entrega de documentos de identidad por parte de la RENIEC, que se realizará próximamente, la promoción de acuerdos bilaterales en materia de regularización migratoria, homologación de aportes a la seguridad social, entre otros.

A ello se suman otras iniciativas como la elaboración del proyecto para crear el Distrito Electoral en el exterior y la revisión de la norma de incentivos migratorios para el retorno al Perú, los que serán sometidos oportunamente a consideración del Congreso de la República.

Adicionalmente, teniendo en cuenta el valioso e importante aporte que realizan a nuestro desarrollo nacional los migrantes en el exterior, mediante el envío de remesas a sus familiares, se viene promoviendo la suscripción de Convenios específicos a ser firmados entre el Banco de la Nación y sus similares en los lugares de destino de los migrantes, para disminuir sustantivamente los costos de dichas remesas, este tema será en el futuro próximo materia de nuevos proyectos en beneficio de nuestros compatriotas en el exterior.

Finalmente, deseo expresarle mi más cordial felicitación y saludo a todos los participantes en el homenaje al gran poeta universal César Vallejo; y, a los que se han hecho merecedores, el presente año, de la "Distinción Honorífica INCARIBE Chasqui 2011".

Atentamente,

Rafael Roncagliolo Orbegoso
Ministro de Relaciones Exteriores

UN DISTRITO ELECTORAL PARA LOS PEX

Capítulo IV

Un ejemplo a seguir

LA APOSTILLA DE LA HAYA NEGADA POR EL PERU
(Alocución Radial)

Hay una información reciente que se da en Santo Domingo, en República Dominicana. Vamos a leer el caso dominicano y luego lo vamos a relacionar con lo que puede suceder en Perú, y por qué no sucede.

La apostilla de la Haya entró en vigencia para República Dominicana, y atención con esto. Los familiares de dominicanos en el extranjero ahora sólo tendrán que ir a una oficina y pagar 620 pesos, equivalentes a 17,22 dólares. Legalizar un documento para uso en el extranjero es desde el pasado primero de setiembre más fácil para los dominicanos, y es que en esa fecha entró en vigencia la Apostilla de la Haya que es un trámite de legalización único que reconoce los documentos oficiales dominicanos en 92 países, incluyendo España. La Apostilla es un sello que se colocará en el documento por su especialidad. Sólo la Cancillería dominicana está autorizada para estamparlo. Con ello se ahorra tiempo y dinero, porque ahora mediante una sola certificación se logrará lo que antes requería hasta cuatro procedimientos legales.

¿Facilidades? ¿Cuáles son? Ahora es mucho mejor porque en media hora te entregan el documento, dijo a Latino, que es un medio de prensa dominicano, Miguel Bernavé, quien acudió a la Cancillería para legalizar un acta de soltería para un primo que reside en Italia. Bernavé nos comentó que antes pagaba a un "buscón", así le llama al facilitador o tramitador allá en dominicana, para que le hiciera la gestión debido a lo tedioso que resulta el ir y venir de oficinas burocráticas. La nueva legalización cuesta 620 pesos dominicanos, es decir, unos 12 euros. Con este procedimiento se legalizarán documentos emitidos por cortes judiciales, así como actas de nacimiento, de matrimonio y de defunciones. Igualmente certificaciones universitarias o de antecedentes penales y escrituras notariales. Imagínense, tremenda ayuda para los

UN DISTRITO ELECTORAL PARA LOS PEX

inmigrantes. Al momento de poner en vigencia el nuevo trámite, el Canciller Carlos Morales, estamos hablando de República Dominicana, consideró como un paso enorme en términos de trascendencia para los miles de dominicanos que viven, estudian y trabajan en el exterior.

La Apostilla de la Haya fue creada por el Convenio sobre la eliminación de requisitos de la legalización de documentos públicos extranjeros el 5 de octubre de 1961, al que dominicana se adhirió mediante la resolución 441-08 del Congreso Nacional, avalada por el poder ejecutivo el 10 de setiembre de 2008.

Ahora ¿qué pasa en el Perú? Esta información nos indica lo que para un país cualquiera puede significar el formar parte del sistema de la décimo segunda convención de la conferencia internacional de la Haya de derecho internacional privado sobre supresión de la exigencia de legalización para la eficacia de los actos públicos extranjeros, la de la Apostilla del 5 de octubre de 1961, aprobada en la 9na sesión de dicha conferencia internacional. Conferencia internacional de la cual el Perú es el único Estado miembro que no ha firmado ni adherido la décimo segunda convención. La misma que forma parte de 24 textos convencionales, de los cuales si ha firmado las otras 23. Convención de la Apostilla que ha sido adherida incluso por Estados no miembros de dicha conferencia, rendidos ante sus ventajas.

La explicación que ha dado la Cancillería peruana para pretender justificar su desidia, es su temor constante, que no es el de la población peruana usuaria sistemática de la legalización de documentos oficiales, a un supuesto desprestigio del Estado peruano ante la comunidad internacional por la prolífica especialización de los delincuentes falsificadores residenciados en territorio peruano. Imagínense el argumento que manifiesta Cancillería. Argumento que se cae por su propio peso. Primero, porque eso ya sucede actualmente con el sistema de legalización de firmas en cadena, cuya multiplicidad de rúbricas y sellos que cotejar hace más difícil la labor de detección de las falsificaciones. Claro, es mucho más difícil porque vas a tener que comenzar a ubicar las firmas de varios documentos. Segundo, porque

UN DISTRITO ELECTORAL PARA LOS PEX

países vecinos de Perú, como Brasil y Colombia, cuya delincuencia está más organizada y mejor financiada y equipada, tienen maestrías y doctorados en estas prácticas fraudulentas, sin embargo, son parte del sistema de la Apostilla de la Haya y no pasa nada. O sea, en Colombia, esto: ha lugar, no hay problema; pero en Perú no, porque supuestamente allá son más bravos en falsificaciones. Tercero, porque los sistemas electrónicos de seguridad documental, actualmente disponibles, como el de los "visados schengen", y el de los notarios del mundo civilizado, permiten que con un simple lector electromagnético de códigos binarios se pueda detectar en las dependencias oficiales de destino de los documentos apostillados cualquier falsificación, o sea, esto ya es difícil de copiar. Y oído al tambor con esto, la Apostilla de la Haya puede ser imitada pero nunca falsificada. Es absolutamente segura.

Más de tres millones de peruanos que coinciden en este clamor que se genera más allá de las fronteras, al ritmo de generar ingresos económicos al Estado a través de las remesas mensuales, no hacen más que ubicarnos en la mira de los gobiernos de turno, como una especie de cajeros automáticos, pues nuestra tangible existencia sólo se hace visible a la hora de la gran contabilidad y de las grandes cifras. Somos una cifra más para el ingreso del Estado peruano, pero a la hora de la muerte súbita de un compatriota en el exterior, no hay caja chica que se apiade del dolor del coterráneo, esa es la verdad. Por ello, es un imperativo ejercer nuestro derecho constitucional a elegir libremente a las autoridades no sólo en el interior de la República, sino en el exterior. Estamos ante nuevas realidades. Ya no son diez mil o veinte mil en algunas circunscripciones consulares, como acontecía al principio. Ahora estamos hablando de cien mil, doscientos mil peruanos radicados en Estados Unidos, en Madrid, en Venezuela, y dentro de ello innumerables profesionales que pueden reducir los emolumentos consulares y diplomáticos en general al mínimo, como por ejemplo, entrando en vigor la Apostilla de la Haya para cualquier documentación de carácter legal. Y quién mejor que un ciudadano peruano con residencia permanente en el país que lo acoge para ejercer políticas consulares que vayan en beneficio de su colectividad; como nos describía recientemente el amigo German Puente Berry a través de internet. "La verdad, dice él textualmente, es que es una vergüenza que para mantener las oficinas consulares en el exterior los peruanos en el extranjero tengamos que pagar altísimas sumas de dinero para cualquier documento y obtengamos sólo eso a cambio, nada más, el documento. Es preferible tener cónsules honorarios en lugares donde amerite. Podría ser un tema interesante, dice él, para la convención que se viene en octubre, pagar menos y recibir algún servicio, ya que dicho cónsul estaría más en conocimiento de la comunidad peruana por ser residente y dedicarse a otras actividades para subsistir. El Perú no pagaría tantos sueldos y podría cobrar menos por atendernos mejor". También agradecemos la misiva de Guillermo Alfonso Pérez Reyes Garreta desde Madrid, desde el cual hemos reflejado gran parte del texto que él nos ha enviado, y es una realidad de escándalo para países pobres en Latinoamérica que no copien o tomen el ejemplo de República Dominicana. Es más, enterarnos de que recién lo aplica República Dominicana también da tristeza porque sabemos de los clamores del pueblo dominicano emigrante.

Extracto de alocución radial en programa «Buscando América»,
Dirigido y conducido por el autor de estas páginas,
Transmitido en Venezuela por 1420 AM
18 de setiembre de 2009.

UN DISTRITO ELECTORAL PARA LOS PEX

Perú firma el uso de Apostilla de la Haya:

Peruanos en el extranjero podrán legalizar sus documentos en 97 países

Embajador Allan Wagner firmó en La Haya la adhesión peruana al "Convenio de la Apostilla". Entrará en vigencia a fines de setiembre

Allan Wagner, embajador de nuestro país en el Reino de los Países Bajos, presentó hoy en La Haya la adhesión peruana al "Convenio de la Apostilla".

El acuerdo, que entrará en vigencia para Perú desde el 30 de setiembre de este año, facilita la legalización de documentos públicos y certificados ante los países signatarios. La Apostilla de la Haya la puede solicitar cualquier portador de un documento público cuya autenticidad se desea certificar.

De acuerdo al convenio, los 97 países que forman parte del tratado recibirán la adhesión del Gobierno Peruano y luego podrán presentar sus observaciones -de ser necesarias- en un plazo de seis meses. Acabado este período, el 30 de setiembre, Perú será parte del convenio formalmente.

Agencia Andina, 13 de enero del 2010

UN DISTRITO ELECTORAL PARA LOS PEX

Capítulo V

Entrevistas diplomáticas

Entrevista a propósito de la Apostilla de la Haya:

Al Excmo. Cónsul del Perú en Venezuela
Carlos Vallejo Martell (CVM)

En nuestro continente históricamente dos países estaban negados a aceptar la Apostilla de la Haya, uno de ellos fue República Dominicana, que a mediados del 2009 cedió a utilizar esta figura jurídica, y el Perú que en las postrimerías del 2009 también acepta esta figura, pero el pueblo de a pie requiere saber ¿cómo es, cómo va a ser la mecánica y para qué casos específicamente se va a utilizar?

CVM: Se trata de un convenio que ha sido suscrito por el Perú. Convenio que también fue firmado en su momento por Venezuela. Se aplica entre países miembros del convenio y concretamente evita que los trámites realizados ante un notario, ante el cual se debe efectuar un pago, posteriormente sean llevados a un Consulado. Estoy mencionando un Consulado entre países miembros del convenio. En ese Consulado

UN DISTRITO ELECTORAL PARA LOS PEX

lógicamente usted debe realizar un pago adicional y sufrir la demora propia del trámite. Lo que evita el convenio es, repito, esta instancia final que repercutía en un pago a más (adicional) del realizado ante un notario y sufrir la demora propia del trámite. (Sic)

¿Qué tipo de documentos básicamente?

CVM: Es en general todo tipo de documento que usted lleva a un notario para legalizar, hablemos de contratos, poderes, legalizaciones de todo tipo de documento que pasa por un notario público. (Sic)

Hay algunos que tienen que ver con inversión, creo que eso si necesariamente tiene que pasar por los Consulados, a nivel de los negocios, importaciones, exportaciones.

CVM: Si, se refiere Jorge usted a aquellos documentos que son presentados en subastas públicas, que digamos cumplen un formato que lo envía el propio ente emisor o el que convoca a tal licitación internacional, es un caso muy específico, pero nos estamos refiriendo que el Convenio de la Haya se refiere a la mayoría, a la casi totalidad de documentos que son legalizados ante un notario público. (Sic)

UN DISTRITO ELECTORAL PARA LOS PEX

Entrevista:

Al Embajador del Perú en Venezuela
Luis Enrique Martín Raygada Souza-Ferreyra (LR)

Como usted sabe, a través de internet no solamente somos observados a nivel interno acá en Venezuela sino también más allá de las fronteras, y desde los Estados Unidos se han comunicado con nosotros, nos han dado la noticia de un Convenio que se ha firmado de protección de derechos laborales de sus migrantes, en este caso para Perú, Ecuador, Honduras y Filipinas con los EE.UU. de América ¿qué nos puede comentar al respecto? ya que un colega suyo, el embajador Forsyth es el que ha firmado por Perú este convenio. ¿Qué nos puede dar como alcance de lo que domine en el tema del departamento de trabajo estadounidense, que es el que se ha encargado de rubricar este convenio?

LR: Si, justamente tuve la oportunidad de conversar esta tarde con mi colega Harold Forsyth, representante del Perú en los EE.UU., de América y me comentó este convenio que realmente es muy interesante, que une a cuatro países, aparte del Perú está Ecuador, Honduras y Filipinas, y que de alguna manera va a tener repercusión en alrededor de un millón de trabajadores peruanos en los EE.UU., muchos de ellos incluso en situación ilegal; que van a tener como primer beneficio el poder conocer exactamente sus derechos laborales y poder conocer cómo es la legislación laboral en EE.UU. Este convenio lo que pretende a través de esta firma que se hizo en el Ministerio de Trabajo de los EE.UU., conocido como la Secretaría de Trabajo, ellos a través de una serie de charlas van a ir apoyando a nuestros consulados para que los trabajadores peruanos que se acerquen puedan recibir ciertos cursos y capacitaciones en relación a cuáles son sus derechos y cómo esos derechos pueden ser ejercidos. Yo celebro esta gran iniciativa que ha podido ser conseguida. Celebro el buen trabajo que está haciendo mi colega el embajador Harold Forsyth y creo que esto es parte de este gran esfuerzo que estamos haciendo en el gobierno peruano por conseguir la inclusión social. (Sic)

UN DISTRITO ELECTORAL PARA LOS PEX

Y en el caso de esta situación, explicaba el embajador Harold Forsyth que era bastante difícil de prever cuánto tiempo iba a durar este trabajo para verle un resultado tangible, debido a que son muchos los estados y cada estado en los Estados Unidos de América, valga la redundancia, tiene sus respectivas leyes particulares. Al respecto qué podría usted comentarnos ya tratándose de una expansión hacia Venezuela, en cuanto a observar también esa relación consular con lo que significan los derechos de los trabajadores, que muchos de ellos son improvisados.

LR: Si, yo creo que ese es un punto muy importante en la agenda de todos los peruanos que vivimos en el exterior. Ahora, como bien lo indicaba usted, las leyes en cada país varían y por lo tanto las condiciones en las que se pueden obtener este tipo de acuerdos también cambian, sin embargo, en Venezuela, como usted sabe, existe una voluntad política distinta en términos de la relación bilateral, lo que está permitiendo alcanzar acuerdos muy especiales en favor de nuestros compatriotas residentes en Venezuela. Claro, hay la coyuntura que este año es un año electoral y que muchas veces las agendas locales están más orientadas a resolver los temas locales, pero quiero ratificar que mi diálogo es permanente con las autoridades venezolanas que muestran una abierta simpatía por tratar de apoyarnos, por lo que yo creo que un acuerdo similar en el caso Venezuela, es relativamente factible de alcanzar en un plazo de tiempo vamos a decir prudencial. (Sic)

Sin embargo, el embajador Forsyth decía lo mismo, que éste es un año electoral allá en los EE.UU., de América y que a partir del próximo año el creía comenzaba recién a tener cierto asidero, debido precisamente a esa situación política por la que atraviesa el año electoral norteamericano. En el caso de Venezuela, usted también estaría viendo a posteriori de octubre o cuál sería la proyección para trabajar o pensar al menos en algún horizonte con respecto a este tipo de trabajos importantes para lo que representa el bienestar de nuestros ciudadanos que, repito, muchos de ellos trabajan a la deriva de lo que significan las leyes básicas.

UN DISTRITO ELECTORAL PARA LOS PEX

LR: En el caso particular de Venezuela, como es de conocimiento público, el presidente Ollanta Humala visitó este país en el mes de enero. En esa oportunidad firmamos una declaración conjunta y un total de ocho convenios. Estos ocho convenios han ido avanzando, en diferentes áreas, han ido avanzando en paralelo pero a diferentes velocidades. Probablemente los dos convenios que más interesan a los peruanos que residimos en Venezuela, es el convenio de la regularización legal de los conciudadanos peruanos que viven en Venezuela, que es un convenio que tiene muchas complejidades porque calculamos que hay más de 130 mil peruanos viviendo en Venezuela, muchos de ellos en estado digamos legal irregular. El otro convenio importante y que está teniendo seguimiento es el acuerdo comercial de preferencias arancelarias donde hay también una serie de anuncios importantes que yo quisiera anticipar si me lo permites. (Sic)

(Pausa comercial y musical)

Quedaba por allí la temática de un evento que se va a realizar aquí en Caracas, tenemos entendido va a venir una delegación comercial de Expo-Perú, encabezada por el Ministro de Comercio Exterior y Turismo del Perú ¿coméntenos algo al respecto embajador?

LR: Como le decía, dentro de los convenios que firmamos entre los gobiernos de Venezuela y de Perú, uno de esos convenios apunta al incremento de la relación comercial y como parte de estas actividades hay que mencionar de que nuestro país y Venezuela ha incrementado de manera exponencial su comercio bilateral. Para darles una idea de cifras, el año 2010 el comercio entre Venezuela y Perú estaba alrededor de los 600 millones de dólares anuales. En el 2011 con un gran impulso que se le dio en el segundo semestre pudimos cerrar la balanza en mil cien millones de dólares, casi la duplicamos, y este año las proyecciones indican que estaríamos llegando a 1800 millones de dólares de balanza comercial, es decir, tres veces más que la cifra hecha en el 2010. Y todo eso tiene como consecuencia que las empresas peruanas y venezolanas quieran hacer integración económica entre las partes. Por lo tanto, el gobierno de Venezuela y el gobierno del Perú actuando en conjunto

UN DISTRITO ELECTORAL PARA LOS PEX

estamos convocando a este Foro que se va a llamar "Foro de Integración Económica, Comercial y Productiva", en la que la intención es que una delegación encabezada por el Ministro de Comercio Exterior y Turismo del Perú en conjunto con los representantes de los principales gremios de empresarios peruanos, que alrededor de 50 a 60 empresas peruanas en diferentes sectores de nuestra industria, vengan y conversen tanto con los compradores del Estado venezolano como con algunas empresas privadas que van a tener interés de hacer negocios con el Perú. Yo creo que esto es un hito importantísimo que se va a llevar a cabo el 16 y 17 de agosto del presente año, en donde además tendremos la visita de 10 parlamentarios de nuestro congreso nacional peruano que también desarrollarán una agenda política aquí. Por lo tanto, es un anuncio más que va a permitir reforzar las relaciones binacionales. (Sic)

Así es, en el caso de tal vez ahondar en cuanto a la participación del comercio que sabemos es muy fructífero de los inmigrantes, en este caso de peruanos en Venezuela, qué posibilidades tienen ellos de hacer factible una mejor salida de sus productos hacia afuera respecto a lo que podría significar el control de cambio y todas estas variables que a veces se presentan en la economía venezolana, de acuerdo a lo que usted maneje como información previa a los especialistas que van a venir del Perú.

LR: Si, fíjese, una de las cosas que hemos tratado de trabajar arduamente, es justamente en poder limpiar este tema comercial y hacerlo sobre una base sana y sólida. Cuando yo tomé posesión de este cargo, la deuda documentada que había entre empresas venezolanas hacia empresas peruanas, estaba calculada en el orden de los 200 millones de dólares de deuda que tenía Venezuela hacia el Perú. Luego de haber recorrido una serie de estudios y de análisis de estas deudas hemos podido conseguir bajarla a menos de 10 millones. Además de eso, la liquidación de las divisas a los exportadores peruanos en el primer trimestre superaron todas nuestras expectativas y están por arriba de los 400 millones de dólares. Por lo tanto, CADIVI está funcionando de manera muy eficiente. Hay que hacer algunos ajustes en otro tipo de cosas y por eso es que este Foro con el Estado venezolano nos va a

UN DISTRITO ELECTORAL PARA LOS PEX

permitir escuchar del lado venezolano las recomendaciones de cómo hacer negocios en Venezuela y obviamente el exportador peruano va a tener esta posibilidad. Además algo importante de mencionar es que para el Perú, Venezuela es el segundo destino más importante de exportaciones no tradicionales, principalmente nuestros productos textiles, por lo tanto, tenemos que apuntalar esta parte porque como bien sabemos en Europa occidental hay muchas dificultades y el negocio en Europa está cayendo de manera estrepitosa. (Sic)

Bueno en el caso de la parte de regulación de los peruanos también tenemos entendido que maneja una información muy importante para nuestros amigos que nos sintonizan (leen), y muchos de ellos todavía en situación de irregularidad.

LR: Correcto, ese es otro de los grandes convenios que se han firmado con el gobierno de Venezuela y que estamos trabajando para poder implementar logísticamente la atención a todos los compatriotas, porque va a ser un proceso bastante complejo en el sentido logístico. Calculamos más de 40 mil peruanos que van a querer regularizar su cuestión de migración. En principio, hay dos cosas que van a suceder. En los próximos días el gobierno venezolano va a promulgar un decreto en el que va a permitir que los turistas peruanos puedan ingresar al país sin necesidad de requisitos previos que se pedían antes como la carta de invitación o la reserva de hotel. Vamos a tener el mismo tratamiento que tienen los países miembros de Mercosur y del ALBA. Esa es una primera acción que se va a tomar en los próximos días. La segunda acción, que es un poco más compleja es la inscripción en un registro permanente de todos los peruanos para que luego puedan ser llamados a una cita, en donde se les asignaría o se les otorgaría su visa de residente. Debido a la complejidad, este segundo proceso, probablemente tomemos un par de meses más sin lanzar el procedimiento, pero estamos trabajando en esa dirección. (Sic)

Si por allí se acerca una persona con pretensiones de ayudarlo, es válido ese tipo de acercamiento. Hemos escuchado algunas personas que se dedican un poco a "reclutar", no sé qué nos puede decir al

UN DISTRITO ELECTORAL PARA LOS PEX

respecto ¿qué les diría usted a los ciudadanos peruanos? Hay personas autorizadas para hacer eso, o simplemente son improvisados que andan por ahí tomándose esa potestad.

LR: No, el procedimiento es un procedimiento gratuito que está a cargo de las autoridades venezolanas. Todos estos procesos de censo e inscripciones. Lo que sí puedo entender es que haya ciudadanos peruanos o instituciones de ciudadanos peruanos que con muy buena voluntad quieran facilitarle a nuestros compatriotas la entrada vía internet a las planillas que deben llenar, pero esto es un procedimiento totalmente gratuito. No se puede cobrar y nadie que no sea el propio interesado y por supuesto las autoridades venezolanas están en potestad de hacer este procedimiento, este trámite. (Sic)

Bueno, el llamado de atención sería entonces a no ser tan confiados, tal vez, si en algún momento les piden dinero, no tiene nada que ver con pagar nada, en absoluto.

LR: En lo absoluto, es más, denuncie porque eso es un delito. (Sic)

Claro, eso es importante también mencionarlo. Sabemos de la condición de los irregulares, que muchos de ellos difícilmente se acercan a sus consulados, a veces ignorando de que un consulado es un pedazo de su territorio y que el Cónsul está allí para asistirlos.

LR: Totalmente cierto... (Sic)

A veces hay un temor a querer acercarse y creo que hay que tratar de hacer más difusión de cuáles son sus derechos y cuáles son sus verdaderas representaciones aquí o en cualquier parte de los peruanos en el mundo (...)

No sé tal vez un mensaje en lo global, que le diría usted al peruano que nos escucha (lee) en el mundo, ¿qué cree que puede haber cambiado? porque ya llegamos al primer año de gobierno de Ollanta Humala, ¿qué podría decir sobre eso?

UN DISTRITO ELECTORAL PARA LOS PEX

LR: Mire en los últimos casi doscientos años de nuestra vida republicana, en los últimos 191 años, hemos pasado por una serie de circunstancias algunas más difíciles que otras, pero lo importante es que en estos últimos 11 meses de gobierno del Presidente Humala hay una intención clarísima de conseguir la inclusión social, hay una intención clarísima de que los ciudadanos peruanos seamos todos de primera y que no existan ciudadanos ni de segunda ni de tercera como ha existido hasta el pasado. Y que esa primera voluntad está ahí presente. Igualmente el diálogo, la apertura, siempre en la paz, siempre en la armonía, en el respecto del estado de derecho de las vías, de las personas, de las propiedades de las personas. En ese sentido creo que los peruanos vamos a poder salir delante de este nudo que es la situación social. Estamos viviendo una época económica como nunca antes se había visto en el Perú, y es una oportunidad de oro que hay que saber cuidar pero que sin la inclusión social esta oportunidad pues no tiene sentido, por lo tanto que tengan la seguridad que tanto el Presidente como todo el gobierno del Perú vamos a cumplir no solamente con lo prometido sino además con la necesaria apertura para escuchar a todas las personas que en democracia piensen diferente a nosotros. (Sic)

Extracto de Programa Radial "Directo a tu CPU",
Conducido y dirigido por el autor
de este libro. Transmitido por
JCRADIOTV.COM
12 de junio de 2012.

UN DISTRITO ELECTORAL PARA LOS PEX

EMBAJADORES RAYGADA EN VENEZUELA

El apellido Raygada parece estar ligado a la representación diplomática peruana, no precisamente de carrera, sino por política, y de todos los bandos y colores. La prueba la tenemos a la vista: Ing. Eduardo Raygada Morzán, Embajador del Perú en Venezuela en tiempos del tristemente célebre régimen Fujimontecinista (Foto Izquierda); Ing. Luis Enrique Martín Raygada Souza-Ferreira, (Foto superior) actual Embajador del Perú en Venezuela, bajo el régimen de Ollanta Humala; y el primero de todos ellos, al cual no llegamos a entrevistar, fue Embajador del Perú durante el primer gobierno aprista, nos referimos a Don Jorge Raygada Cauvi.

Entrevistas: Jorge Carrión Rubio
Medio: JCRADIOTV.COM

UN DISTRITO ELECTORAL PARA LOS PEX

Apuntes sobre el nuevo Ministro de Relaciones Exteriores del Perú: Mario Juvenal López Chávarri

Al filo del precipicio existencial del que llegó a Palacio por obra y gracia del espíritu político confrontacional entre PPK y Keiko, en el abismo de su periodo gubernativo producto de la pandemia sanitaria y del desmadre de casos de corrupción que lo circundan produciendo un desgaste político en su tristemente célebre gabinete anti-Covid, en medio de un cúmulo de muertes atroces que son los titulares inevitables de la prensa amarillista y no amarillista, en el año extremo previo al bicentenario de la independencia patria y a puertas del 28 de julio, el Presidente Vizcarra acaba de lanzar sus nuevas piezas de ajedrez para intentar cerrar un círculo que cada día que transcurre se le torna más vicioso.

Allí ubicamos a Don Mario Juvenal López Chávarri, nombrado como nuevo Ministro de Relaciones Exteriores para esta etapa final del periodo gubernativo de Vizcarra. Al parecer hombre de confianza del nuevo Premier Pedro Cateriano, pues cuando este conocido personaje político el año 2012 asumió el Ministerio de Defensa en el gobierno de Ollanta Humala, López Chávarri se desempeñó como director general de Relaciones Internacionales de ese sector. Años después fue nombrado Embajador del Perú en Venezuela y en ese trámite de funciones alcanzamos a conocerlo en Caracas donde llegó para llenar un vacío polémico que había dejado su predecesor, Luis Enrique Raygada Sousa Ferreira, quien se hizo embajador no por diplomático sino por favores políticos prestados al clan Ollanta-Nadine, y terminó provocando la ruptura irreparable de relaciones diplomáticas entre incas y caribes, como podemos apreciar en los reportes de la época. (También anexamos la carta de renuncia del susodicho).

UN DISTRITO ELECTORAL PARA LOS PEX

Embajada del Perú
Caracas - Venezuela

Señor Presidente de la República
Señor Ollanta Humala.

Me dirijo a usted en su calidad de Jefe de Estado a fin de presentar mi renuncia irrevocable al cargo de Embajador del Perú en la República Bolivariana de Venezuela.

Lamento que mis opiniones hayan sido malinterpretadas, dando la percepción de irrespeto a los señores Congresistas de la República y disonancia con el Ministerio de Relaciones Exteriores. Dejo en claro que dichas opiniones fueron realizadas en un contexto que no se avizoraba todavía algún posible impasse con Venezuela.

Mi renuncia tiene como objetivo permitir que nuestro Gobierno pueda actuar sin ningún tipo de presión política ni mediática ante la situación planteada en el contexto interno.

En mis 16 meses de funciones, dejo la Embajada con la satisfacción de haber alcanzado la regularización de la condición migratoria de más de 90 mil compatriotas que residen en condición irregular, así como una cifra record de exportaciones peruanas de productos no tradicionales a Venezuela, del orden de 1300 millones de dólares (2012) que benefician a decenas de miles de compatriotas que laboran en las más de mil trescientas PYMEs que venden sus productos en este país.

Reitero mi lealtad y agradecimiento profundos hacia el Perú, mis compatriotas y a usted señor Presidente y al proyecto político que representamos.

Caracas, 08 de mayo de 2013

Luis Enrique Raygada Sousa Ferreira
Embajador del Perú en la República Bolivariana de Venezuela

UN DISTRITO ELECTORAL PARA LOS PEX

Más adelante en su gestión, sostuvimos una entrevista en la que ya más sosegado, López Chávarri nos detalló parte de su agenda diplomática que permitió retomar las relaciones fraternas entre nuestros dos países hermanos, aunque momentáneamente, porque a la postre tuvo que salir del kremlin caribeño. En nuestra entrevista manifestó ser un conocedor de los clamores de los peruanos residentes en tierras llaneras ante la crisis económica que atravesaba en aquel momento la administración bolivariana. Hizo énfasis en factibilizar la seguridad social, de garantizar el acceso a las remesas familiares, al libre tránsito a pesar del cierre de la frontera con Colombia por parte del gobierno venezolano e hizo un anuncio que se quedó en ilusión, la posibilidad de que se abra una ruta aérea para una línea venezolana que estaría volando directo Caracas-Lima-Caracas a precios solidarios, situación que beneficiaría no sólo a los peruanos en Venezuela sino a los que para ese entonces tan sólo eran 15 mil venezolanos residentes en tierras incaicas. Manejó con pinzas de cirujano la temática política a su paso por Caracas, aunque no pudo evitar sus constantes visitas a gobernaciones opositoras al gobierno chavista, que a larga lo terminaron poniendo en jaque frente al régimen. La gota que rebasó el contrapunteo político se produjo después de la reunión de Kuczynski con el Presidente de EE.UU., Donald Trump. En ese encuentro, el entonces mandatario peruano hizo unas declaraciones bastantes disparatadas, puntualmente dijo, salvo Venezuela, los países de América Latina eran "como un perro simpático que no genera problemas". Esas declaraciones provocaron la furia de Caracas, que respondió en voz de la canciller Delcy Rodríguez: "El único perro simpático que hay en Latinoamérica es él (Kuczynski), que le mueve la cola al imperio, al igual que el otro que está en la OEA". El presidente Maduro exigió disculpas a su homólogo peruano, quien se limitó a llamar a consultas a su embajador en Venezuela.

UN DISTRITO ELECTORAL PARA LOS PEX

Jorge Carrión Rubio y Excmo. Mario Juvenal López Chávarri, Ex Canciller del Perú.

TERTULIA VALLEJIANA

Al margen de la política, nuestra convocatoria intelectual nos llevó a abordar la temática migratoria con López Chávarri teniendo como estandarte la figura de nuestro poeta universal César Vallejo. Allí nos debatimos en darle cuerpo a nuestros vallejos de hoy representados por los miles de peruanos que viven más allá de las fronteras y que de alguna forma presentan los mismos clamores de desatención y olvido de los recurrentes gobiernos de turno, pese a conservar sus derechos como cualquier peruano residente en suelo patrio. Lo convocamos a ser partícipe de nuestras tertulias literarias, en esta ocasión teniendo como lugar de encuentro el Centro de Estudios Latinoamericanos Rómulo Gallegos (CELARG), y descubrimos sus raíces familiares ligadas con el poeta de "Los Heraldos Negros", a través de su abuelo también llamado

"Juvenal" Chávarri, quien formó parte del grupo norte en Trujillo, Perú, en 1916, junto a Antenor Orrego, Alcides Spelucin, entre otros intelectuales de la época.

En este marco conceptual, el entonces Embajador, hoy Ministro de Relaciones Exteriores, fue testigo de excepción de uno de los principales objetivos culturales que persigue nuestra Fundación Universidad Hispana en memoria del fundador del Instituto de Estudios Vallejianos de Trujillo Perú, Don César Alva Lescano (Q.E.P.D.), hacer de nuestro insigne poeta César Vallejo, un símbolo migratorio universal, no sólo para los peruanos sino para los ciudadanos cosmopolitas en general, en tiempos donde la migración es un común denominador existencial y donde los valores humanos se han venido deteriorando al extremo. A través de eventos culturales, distinciones honoríficas, tertulias, conferencias como las propiciadas por nuestras instituciones educativas, mediante concursos periodístico-literario-poéticos, como nuestra reciente convocatoria

UN DISTRITO ELECTORAL PARA LOS PEX

"Notas migratorias César Vallejo 2020", entre otras actividades. Ya en el año 2011, el Ministro de Relaciones Exteriores de aquel entonces, Rafael Roncagliolo Orbegoso, nos dio su beneplácito a su paso por Caracas, identificándose plenamente con los objetivos perseguidos por nuestras instituciones (como podemos leer en la misiva publicada en las páginas 54 y 55). Siendo uno de los más solicitados el de la creación de un Distrito Electoral en el exterior, que va a permitir elegir congresistas que representen la realidad de los peruanos más allá de las fronteras. Caso recientemente aprobado por el Congreso Peruano.

CLAMORES DIPLOMÁTICOS 2020

ANTE EL DESDÉN DE CANCILLERÍA

Hay personajes que se manejan dentro de cargos que ameritan una forma alturada de comunicarse y que están supeditados a conductos estrictamente diplomáticos de soberanía nacional de acuerdo al convenio de Viena. Es de suponer que sus conductas son de conocimiento público educadas y corteses, o que al menos guardan las formas. Este es el caso de cónsules y embajadores que son la máxima representación de los jefes de estado a lo largo y ancho del globo terráqueo.

Sin embargo, detrás de todos ellos, al margen de sus trajes de etiqueta y de su supuesto comprobado academicismo y conducta intachable, hay un ser de carne y hueso que muchas veces llega a identificarse con su gentilicio al extremo de poner en peligro las relaciones diplomáticas de su pueblo. Tal es el caso del embajador argentino Luis Juez, quien hace unos años dejó mal parado al gobierno argentino, aquella vez con Macri a la cabeza, al decir: "Si el general *nosecuánto* tiene miedo de jugar un partido de fútbol, imagínese si tiene que ir a la guerra". La frase pareció simpática, graciosa. Pese a ello, la ocurrencia -pronunciada "en nombre del pueblo argentino- pudo haberle generado un grave problema diplomático con el Ecuador, ya que el Embajador argentino se encontraba en pleno ejercicio diplomático y aludía al General Tito Manjarrez Lascano, presidente del club de fútbol El Nacional, de Ecuador, equipo que días antes había perdido con el combinado argentino Atlético Tucumán el repechaje para ingresar a la Copa Libertadores de aquel año. "¡Déjense de romper las bolas con el reglamento!"; "Si tengo que entrar yo a jugar no hay problemas, me la banco"; "Hoy me van a querer cagar a trompadas, tenían el partido ganado en los escritorios y les mojamos la oreja"; "Voy a tener que ir en helicóptero a la Embajada", fueron otras frases que pronunció "cual hincha en delirio", el embajador antes y después de su noche de "gloria".

CUADRO 02.

RESUMEN DE SEGUIMIENTO A LAS SOLICITUDES HASTA EL 04/06/2020	
SOLICITANTES DE AYUDA HUMANITARIA.	53
SOLICITUDES POR ENVIAR AL CONSULADO	3
SOLICITUDES ENVIADAS AL CONSULADO.	50
SOLICITUDES CON RESPUESTA	12
SOLICITUDES SIN RESPUESTA	48
SOLICITUDES ASIGNANDO DE AYUDA ECONOMICA	11
SOLICITUDES SIN ASIGNACIÓN DE AYUDA ECONOMICA	39

Por lo anteriormente expuesto y con el propósito de no redundar en mayores explicaciones, de estos resultados (cuadros 01 y 02), solicitamos a usted Señor Cónsul que con el concurso de los dos (Cónsules Generales que lo acompañan) brindar la más pronta y oportuna respuesta a las solicitudes pendientes.

Que el Espíritu Santo de Dios nos siga acompañado y guiando a ustedes y nosotros.

Atenta y cordialmente

Lic. Rigoberto Arica Calderón.

Paulina Núñez de Paulley

Maria Huaytalla Pablos

UN DISTRITO ELECTORAL PARA LOS PEX

CARTAS AL CÓNSUL DEL PERÚ EN CARACAS

CONTINÚA EL VÍA CRUCIS

Esta pandemia viene generando dramáticos cuadros existenciales a nivel migratorio que muchas veces pasan desapercibidos ante las propias demandas sociales que acontecen en los países de origen. Tal es el caso recurrente que observamos por las calles y barrios limeños de venezolanos que se encuentran a expensas de la más cruda intemperie. Pero también acontecen cuadros similares con los peruanos que emigraron a tierras llaneras, como hemos venido publicando algunos casos que nos llegan desde Caracas. Ésta es la mejor prueba de nuestra hermandad, pues como diría el poeta: "en el dolor hermanos".

No hay mayor distancia entre Perú y Venezuela que su escaso apoyo a sus migrantes. Ni comunismo ni capitalismo dan la talla para asistir a sus connacionales. Si no es por contrapunteo político no hay vuelo que valga un apoyo de parte del régimen de Maduro. Y aquellos supuestos diplomáticos que dicen representar a la contraparte política que desea llegar al poder caribeño, tampoco se les ve asistiendo a sus connacionales en apuros en medio del invierno limeño. Ni qué decir del régimen peruano. Para muestra un botón, como lo podemos leer a continuación, escribe un hombre de a pie que literalmente anda al borde de la muerte allá "en Caracas con aguacero", y sin embargo, el Consulado General de Perú en Caracas, viene respondiéndoles a sus connacionales misivas como la publicada, en la que aparentemente se le está dando "prioridad a los casos más vulnerables debidamente comprobados". Aconteciendo que a la fecha la misiva del ciudadano **Ccencho Quintana** ni siquiera ha tenido respuesta, como lo podemos apreciar en el cuadro inferior.

Esperemos que nuestros paisanos no tengan que acudir ante el honorable Cónsul del Perú en Caracas, Excmo. Augusto Bazán Jiménez, **con el corazón en la mano**, para recién obtener algún tipo de apoyo humanitario. No hay mayor consulta que hacer al respecto señor Cónsul, pues los peruanos migrantes han generado suficientes ingresos al Perú desde hace más de 5 décadas de haberse constituido en una ejemplar población

UN DISTRITO ELECTORAL PARA LOS PEX

migratoria reconocida por los diferentes gobiernos de turno que ha tenido ese país. Desde tiempos del Embajador Allan Wagner Tizón somos testigos de esta constitución ejemplar de los peruanos en Venezuela. Lo pueden corroborar ex cónsules y embajadores, como Don Jorge y Eduardo Raygada, Juan Castilla Meza, Helí Peláez Castro, Carlos Urrutia, entre otros. Pero como diría una vez más el poeta, nuestros más honorables testigos son "la lluvia, la soledad, los caminos…"

Caracas, 10 de Junio 2020

Ciudadano.

AUGUSTO BAZÁN JIMÉNEZ.

Cónsul General del Perú en Caracas.

Asunto: Solicitud de Ayuda Económica.

El suscrito, Jorge Luis Ccencho Quintana, cedula de Identidad Venezolana E-81908682, Número de Pasaporte: C370292. DNI: 48876358, de 58 años de edad, ocupación actual: Trabajos de carpintería de forma independiente, como es obvio en los actuales momentos no estoy trabajando debido a la situación de cuarentena en que se encuentra el país desde el 13 de marzo del año en curso, donde todas las actividades laborales están suspendidas, así como la movilidad urbana e interurbana, razón por la cual no me puedo trasladar a ningún lugar donde tenía clientes a los cuales les realizaba trabajos eventuales de carpintería y reparaciones varias.

Yo vivo con mi esposa Ramona Socorro Duque, de 54 años de profesión Enfermera, desempleada en los actuales momentos, ya que ella igual que mi persona hacia trabajos eventuales de cuidado de pacientes, y por la misma situación de cuarentena no ha podido realizar ninguna actividad remunerativa.

Nosotros tenemos como residencia una habitación alquilada en la segunda calle de la urbanización los Magallanes, sector esmeralda, en dicha habitación estamos muy incomodos, ya que vivimos de forma muy precaria por las condiciones de la vivienda con techo de zinc, que cuando llueve nos caen goteras por todas partes lo cual ha afectado nuestra salud, al punto de que me tuve que trasladar al Hospital Universitario de Caracas (anexo copia exámenes médicos) donde se evidencia que estoy presentando un cuadro de tuberculosis pulmonar. El tratamiento y los medicamentos para esta enfermedad los vende el ministerio de Sanidad a través de sus distritos sanitarios, me he acercado a varios de estos distritos y ninguno lo tiene disponible.

Tanto mi persona como mi esposa no podemos generar ingresos en estos momentos que nos permita comprar los medicamentos para mi tratamiento.

UN DISTRITO ELECTORAL PARA LOS PEX

tampoco hemos podido cancelar lo correspondiente al alquiler y eso nos ha generado una amenaza de desalojo por parte del dueño de la casa.

Estamos es un situación bastante desesperada, sobreviviendo con la ayuda y la caridad de algunos vecinos que nos han prestado algo de dinero para por lo menos poder comprar algo de comida, pero obviamente no para el pago del alquiler y menos para la compra de medicamentos.

En razón de todo lo anteriormente expuesto nosotros solicitamos muy respetuosamente ante su persona como representante del excelentísimo Gobierno del Perú, presidido por el Presidente Vizcarra, se estudie la posibilidad de darnos una ayuda de carácter económico que nos permita tanto a mi esposa como a mi persona cubrir estas primarias e imperiosas necesidades de alimentación, techo y salud, que en los actuales momentos se nos está haciendo muy difícil sufragar por la Cuarentena establecida por el Gobierno como consecuencia de la Pandemia. Así mismo quisiera solicitar ante ustedes para ver si hay algún mecanismo que permita por medio de la embajada del Perú o el consulado pedir este tratamiento al Ministerio o el Instituto de Salud del Perú.

Los medicamentos que requiero para una primera fase del tratamiento son:

ISONIACIDA 300 mg, ETHAMBUTOL 300 mg, PIRACINAMIDA 1.200 mg, RIFAMPICINA 1.500mg. para un total de 200 tabletas en esta primera fase

Cualquier otra información favor comunicarse con nosotros al celular y correo que indicó más abajo.

Agradecidos nos despedimos de usted

Atentamente.

Teléfonos de contacto: 0414-1383281 / 0212-4184130 / 0424-1897180

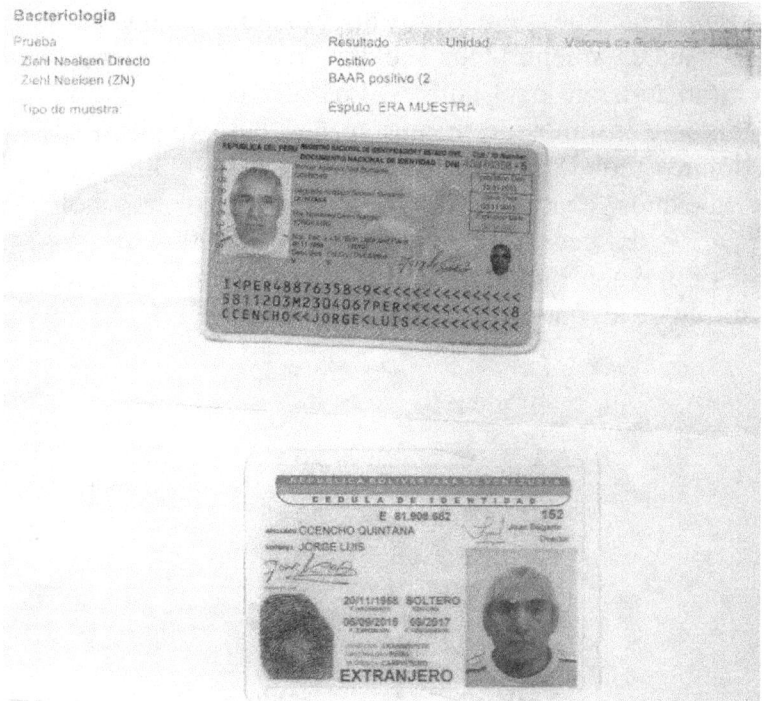

---------- Forwarded message ---------
From: Consulado del Peru en Caracas - Venezuela <consulperu-caracas@rree.gob.pe>
Date: miè., 10 de jun. de 2020 11:21 a. m.
Subject: Solicitud de apoyo económico - Sra. Norma Bruno Francia
To: <normabrunofrancia@gmail.com>

Estimada señora,

En atención a su solicitud de apoyo económico, se tiene a bien comunicar que se está dando prioridad, para la referida ayuda, a los casos más vulnerables debidamente comprobados; principalmente, el caso de los connacionales varados en Venezuela. Cada solicitud debe ser presentada de forma individual.

En ese sentido, no se le podrá brindar la ayuda solicitada, en esta oportunidad, tomando en cuenta los fondos disponibles para el presente mes.

Atentamente,

Consulado General del Perú en Caracas

De: Norma Bruno Francia <normabrunofrancia@gmail.com>
Enviado: miércoles, 10 de junio de 2020 12:05
Para: rigoberto_7@hotmail.com
Cc:

UN DISTRITO ELECTORAL PARA LOS PEX

PD. Las remuneraciones de nuestros diplomáticos oscilan entre 7 a 15 mil dólares mensuales, mientras los sueldos de los trabajadores peruanos en Venezuela no superan los 3 dólares. Los nuevos bodegones que cuentan con alimentos e insumos de primera necesidad expenden sus productos sólo en dólares, donde un kilo de leche en polvo, alimento básico para niños y ancianos cuesta "un millón trescientos mil bolívares" que equivale a 7 dólares aproximadamente. El 90% de los peruanos solicitantes de ayuda humanitaria al Consulado son mayores de edad y además sufren de alguna enfermedad.

UN DISTRITO ELECTORAL PARA LOS PEX

Peruanos Residentes en el Exterior
LA NUEVA LEY 31032

La nueva Ley N° 31032, trata de garantizar la representación política de los peruanos residentes en el extranjero, mediante la creación de una circunscripción electoral especial. Esto, supuso la modificación del artículo 21° de la Ley Orgánica de Elecciones, Ley N° 26859, que enmendó el error garrafal cometido por el Parlamento anterior, el mismo que, por un descuido, borró de un plumazo esta circunscripción electoral especial.

A puertas de las Elecciones Generales 2021, en la que los peruanos elegiremos a un nuevo Congreso, es necesario precisar lo siguiente:

1. La elección de congresistas se realiza a través del sistema del distrito electoral múltiple aplicando el sistema de representación proporcional.

2. Para la elección de los congresistas, el territorio de la República se divide en veintisiete (27) circunscripciones electorales: una (1) por cada departamento, una (1) por la Provincia Constitucional del Callao, una (1) por Lima Provincias y una (1) por los Peruanos Residentes en el Extranjero.

3. El Jurado Nacional de Elecciones (JNE) asigna a cada circunscripción electoral un (1) escaño y distribuye los restantes escaños en forma proporcional al número de electores, con excepción de la circunscripción Peruanos Residentes en el Extranjero, a la cual se le asignan únicamente dos (2) escaños.

Sin embargo, esta reforma presenta algunas inconsistencias que es necesario advertir. Primero, se trata de una circunscripción que debería (tomando en cuenta que el número de peruanos residentes en el

UN DISTRITO ELECTORAL PARA LOS PEX

extranjero supera el millón) contar con cuatro escaños (como mínimo). Y, segundo, que los representantes de los peruanos residentes en el exterior podrán ser nacionales que residen en el Perú, cuando el sentido común nos dice que lo ideal es que los representantes de los peruanos residentes en el exterior también lo sean, pues conocen la realidad que ellos viven y se identifican con su problemática.

A pesar de ello, la primera inconsistencia es "técnicamente" fácil de resolver si el Parlamento decidiera aumentar el número de Congresistas, para no afectar la cuota de representación de otras circunscripciones electorales (los 36 parlamentarios de Lima, por ejemplo). Pero claro, esta medida es inviable y tremendamente impopular como para que el Congreso asuma el costo de la misma ante la opinión pública. Para la segunda, la salida es todavía más sencilla, pues basta con señalar que los representantes de los peruanos residentes en el extranjero, como ya lo advertimos, también deben pertenecer a este grupo de peruanos migrantes asentados en diversos países del mundo.

UN DISTRITO ELECTORAL PARA LOS PEX

Tabla 1. Representación Política de Electores Extranjeros en Legislaturas Nacionales

País	Región	N° Escaños (% Total)
Francia	Europa	12(3.6%, 331)
Italia	Europa	12(1.9%, 630)
Croacia	Europa	6(3.9%, 152)
Portugal	Europa	4(1.7%, 230)
Argelia	África	8(2.0%, 389)
Cabo Verde	África	6(8.3% de 72)
Mozambique	África	2(0.8%, 250)
Ecuador	América	6(4.3%, 137)
Colombia	América	1(0.6% de 166)

Nota. Tomado de "Voto en el extranjero", en El Manual de IDEA Internacional & Instituto Federal Electoral (IFE), 2007.

En el contexto europeo. Francia es el país más antiguo en tener el voto del exterior. Desde 1948, contempla la representación de ciudadanos en el extranjero en el Senado siendo desde 1983 doce los escaños, o 12 los senadores, elegidos, indirectamente, por el Consejo Superior de Franceses en el Exterior. Este colegiado es elegido, directamente, por los franceses en el exterior. Italia es el único caso en el mundo que prescribe la representación en las dos cámaras legislativas: 12 escaños en la cámara baja y seis en la alta a través de cuatro circunscripciones regionales (Norteamérica, América Centro y Sur, Europa, y resto del mundo). Por su parte, Croacia es un interesante caso como país, unicameral, donde conforme reforma electoral de 1999 se estableció un máximo de seis escaños a la circunscripción especial. El número exacto de escaños se asigna posterior a cada elección general según la proporción entre el número de votos emitidos por los croatas en el exterior y los votos válidos a nivel nacional. Finalmente, en Portugal la representación en cámara baja está conformada por dos circunscripciones, Europa y resto del mundo. A cada circunscripción se le asignan dos escaños como máximo dependiendo de un mínimo de 55 mil sufragantes por jurisdicción.

UN DISTRITO ELECTORAL PARA LOS PEX

En el contexto regional africano. En Argelia desde 1996 y en Cabo Verde en 1992 se adoptó el voto pasivo de residentes en el exterior. En Cabo Verde, sin embargo, recién se aplicó en las elecciones legislativas de 1995 con tres circunscripciones por dos representantes cada una. Una para África, la segunda por América, y la tercera por Europa y Resto del mundo.

En el contexto regional de América Latina. El eje transversal de esta investigación es el análisis de América Latina porque el contexto regional influye de modo referencial en cualquier tipo de reforma que se plantee a nivel local.

Colombia es el primer país andino con estructura bicameral que desde 1991 reconoció en su legislación la creación de una circunscripción electoral especial que ampara a la comunidad colombiana en el exterior. En las elecciones legislativas de 2002, se hizo vigente la circunscripción especial por un escaño del representante de los residentes en el exterior. En 2014, la representación internacional pasó a tener dos escaños en una Cámara de Diputados de 166 representantes. Al presente, son ya cuatro los diputados internacionales que ha tenido Colombia.

Ecuador es el caso con mayor similitud al Perú en el orden político-institucional. A pesar que en Ecuador se ha avanzado, grandemente, en materia democrática en la extensión de derechos políticos el camino que ha seguido ha sido muy convulso y obstaculizado por líderes carismáticos que desestabilizaron el país.

El desarrollo del sistema electoral ecuatoriano se dio con muy poco tecnicismo y especificidad. La heterogeneidad de los mecanismos (combinaciones de fórmulas electorales, con distritos de tamaños diferentes y disímiles formas de votación) caracterizó el tránsito democrático ecuatoriano. En Ecuador, ni bien se consiguió el sufragio activo en elecciones 2006, los electores ecuatorianos en el extranjero reclamaron en la nueva Asamblea Nacional Constituyente representantes efectivos. Así, la nueva Carta Magna de 2006 reservó una circunscripción exterior conformada a priori por seis del total de escaños que la conformarían. Al presente, Ecuador ha tenido tres legislaturas con representantes del exterior (2007, 2009,

2013). La distribución geográfica de la comunidad ecuatoriana del exterior por criterios territoriales se dividió en dos escaños, respectivamente, por: (a) América Latina y El Caribe, (b) Estados Unidos y Canadá, (c) Europa, Asia y Oceanía. El caso de Ecuador, en términos sociales, tiene mayor semejanza con el caso peruano. El electorado del exterior peruano no solo se asemeja más en cantidad con el ecuatoriano sino, también, estructuralmente ambos países tienen sociedades y sistemas políticos con más proximidad. El caso colombiano se presenta de modo referencial para la región Latinoamérica, pero su modelo legislativo bicameral tiene una mayor distancia comparativa del sistema parlamentario peruano.

Capítulo VI

Relatos

El Indú

Crónica de una migración anunciada

Sabía que iba a terminar frente al teclado hilvanando historias cargadas de un Perú que comencé a entender cuándo por ironía de la lógica de los últimos tiempos, había dejado de pisar suelo peruano. Sabía también que muchos de mis personajes daban inicio a su inédita vida en tierra de Bolívar redundando en mi joven existencia, y yo en ellos. Unos que otros habían logrado trasladarse por completo y otra gran mayoría lucía inválida de un "noser" el de siempre.

Obviamente no había mutilación física alguna, tampoco verdugos ni conquistadores, era otra la historia. Nadie había obligado ni obligaba a nadie, todos estaban o estábamos allí fuera del mapa porque así lo habíamos decidido, pero claro, aunque para muchos, atrás, a la vera del camino quedaba ese recóndito Perú; éramos indivisibles de aquella melancólica melodía andina o criolla, indesligables de aquel día no muy lejano que nos dejó sin sus rayos incaicos, y a su vez, cosa curiosa, dispuestos a dividirnos y desligarnos de ello por culpa de un sistema social que difícilmente compaginó con el bienestar de todos.

Siempre había un recurrente regreso, siempre un motivo, una razón; siempre un encuentro con la esencia que no dejaba de perderse. Era obvio, no dejaba de ser el Perú más allá de sus fronteras, como tampoco dejaba de ser Venezuela y sus inmigrantes: era la colectividad peruana residente en tierra de Bolívar.

UN DISTRITO ELECTORAL PARA LOS PEX

Sabía esto y mucho más aquellas noches que hilvanaba todo aquello que de alguna manera representaba, sin lugar a dudas, el único antecedente histórico, la única huella peruano-venezolana de los últimos tiempos. En un plano aparte quedaban, claro está, esos intercambios históricos entre nuestros países, esas batallas gloriosas que sellaron la independencia, esa lectura necesaria tantas veces escrita.

No me quedaba otra alternativa que ir al grano en el asunto y sacar a relucir al personaje principal de todo este peregrinaje a tierra no precisamente santa.

La primera vez que me di por enterado de su existencia, no lo podía creer: estaba frente a mí en el espejo. Había amanecido conmigo todas las mañanas presurosas de seguir descubriendo mi nuevo entorno, había dormido junto a mí y soñado el mismo sueño de darle fe a la esperanza. En el transcurso del día se confundía con el reto de afrontar lo impredecible y me hacía difícil imaginar que esa variante de llevar los pasos no tan fijos como en Lima, eran un poco él y sus andanzas.

Tuvo que ocurrir algo crucial para darme por enterado que, aunque en mejores circunstancias, encarnaba ese papel. Me hallaba en pleno centro Caracas haciendo unas fotos a la ciudad, cuando dos efectivos policiales de un momento a otro obstaculizaron la acción. El hecho se agravó cuando descubrí que había olvidado el pasaporte en mi habitación. El asecho era inminente: no tenía fondo ni forma de una simple inspección policial. Daba la impresión que el círculo formado alrededor nuestro –pues me acompañaba un amigo- presentaba rostros asqueados de apreciarnos, ya que, indefectiblemente, para la muchedumbre que no tardó en formarse –por el lenguaje sin palabras usado por nuestros opresores- éramos parte de las páginas delictivas de la ciudad.

UN DISTRITO ELECTORAL PARA LOS PEX

Fue entonces que pensé en ese personaje del cual había oído hablar; tenía todas las características de él en ese instante: contra la pared, piernas y brazos extendidos, un uniforme azul al acecho, un arma representando a la ley ciega de la calle, una sola interrogante sin respuesta: ¿su cédula?; no había olvido posible ni extravío, no habían palabras ni explicaciones válidas, todo era tan cruel y violento que hasta parecía preguntarme ¿qué hago aquí?, y al instante responderme: encarno al "indú" que tanto comentaban.

Así le llamamos a los indocumentados en tierra de Bolívar, es decir, a todos aquellos que por la vía que sea se encuentran en territorio venezolano: unos de buen ingreso pero con visa vencida –que es igual a estar indocumentado-, otros, por los caminos verdes, sin visa ni registro legal alguno.

No podía pensar fijamente en una respuesta contundente que impidiera el apresamiento. Los asientos de la patrulla policial sólo esperaban, como rutinariamente lo hacen, transportar personajes anónimos hacia el destacamento policial de la zona. Sin embargo, el trayecto era una especie de monólogo con una serie de insinuaciones monetarias. Tras resolver la situación, atiné a razonar que inobjetablemente sucedía lo que solía suceder en medio del subdesarrollo de nuestros países.

- Bueno, que sea la última vez que salen a la calle sin documentos- Concluyó uno de ellos.

Agarraron la vía y desaparecieron al compás de una sirena que no cesaba de hacer las veces de vocera de la alicaída ley de la ciudad.

Cuánto más se perdía el sonido policial, más volvía en mí, y al mismo tiempo, regresaba a ese instante que pensé que no lo conocía, que era ajeno a mi todo ese peregrinar "Indú"; cuanto más se iba de mi mente aquel desagradable momento, más regresaba aquel no poder ser que siempre había de ser, más me quedaba sin nombre y sin ley comprensible ante el simple hecho de saber que a partir de ese instante había dejado de ignorar que habitábamos juntos en el mundo. Cuanto más analizaba todo aquello, más dejaba de ser ajeno a mí, aquel "bajarse de la mula", que no era otra cosa que resolver el problema con dinero; más dejaba de extrañarme ese léxico cortante, esa combinación de muecas insinuantes, a lo Judas y sin Cristo, a una solución material y sin espíritu.

Sin embargo, en un momento posterior, volví a admitir que antes de este formato de vida bajo el pseudónimo del "Indú", hubo otro que también habitó en mí y que se vio en la imperiosa necesidad de irse al extranjero en procura de algo distinto al desencuentro.

Entonces, como aquella vez frente a la frontera, volví la vista en redor y me di cuenta que había que cargar con una culpa que quizás estaba destinada para otro, pues al fin y al cabo, *pienso que, si no hubiera nacido, ¡otro pobre tomara este café! Yo soy un mal ladrón. ¡a dónde iré!*

UN DISTRITO ELECTORAL PARA LOS PEX

Voces migratorias

- Sí, muchos salen al exterior y al poco tiempo se establecen, incluso hasta se llevan a su gente ¿Por qué nosotros no lo hacemos? ¿Acaso ellos tienen más brazos, piernas, ojos, que nosotros? ¡Lo que pasa es que tenemos que dejar de hablar y sobre la marcha, accionar!

- Por mi madre que mi compadre tiene razón; ustedes recuerdan al paisano ese que paraba de cobrador en la 23, al cholito ese pues, que le decían "carecalzón". ¡Aja! Ahora sí lo sacan ¿no?, pues fíjense que hace un año se hizo humo, y el otro día conversando con su vieja, me mostró unas fotos donde el cholo ¡para qué les cuento!, está bien a la casaca de cuero, encorbatado y hasta con un hembrón. La verdad que si no lo veo no lo creo. ¡Ha! Y ahora es oficinista el paisano ese.

- Es cierto muchachos, yo conozco a otro pata que se fue hace tres meses y al toque Roque, sobre el pucho Lucho ¡consiguió chamba!, y para asegurarse se casó con una tipa de por allá. Como era mi pata de colegio, me quiere jalar para probar suerte. Yo estoy juntando mi billete y en cualquier momento me arranco.

Toda esta murmurante conversación recordaría aquella gélida mañana frente al primer encuentro fronterizo:

- ¿Su pasaporte? ¿Su certificado de salud? ¿Hacia dónde se dirige?

Y una serie de preguntas más marcarían el inicio de un ciclo de interrogantes que me volverían en sí ante una serie de recuerdos que me arengaban a seguir hacia adelante.

- Oye compadre, si hasta las jebas se están yendo. Tú te acuerdas

UN DISTRITO ELECTORAL PARA LOS PEX

de la "sinhueso", la flaca esa pues, la que parecía a Olivia, no la Newton Jhon, sino a la de Popeye.

- Ah, ya, ¡Carmen!

- ¡Aja! Carmencita. Resulta que la flaca siempre fue bien decidida a todo, agarró su equipaje y de la noche a la mañana desapareció. Nadie de su familia sabía por dónde andaba, hasta la daban por muerta, tú sabes, tanto terrorismo y delincuencia; hasta que recibieron una carta del exterior con una fotos de la flaca. Hace nueve meses que se fue y la verdad, que si alguno de ustedes viera la foto hasta se animaría a cortejarla. Esta gordita la condenada.

- Ya, ya, ya, no exageres compadrito. Tal vez esté gorda porque la preñaron y tú creyendo que agarró forma.

Las sonrisas del gentío se dejaron escuchar en medio de la adormilada circunstancia de todos los que volvían a mi mente en el preciso instante que terminaba de salvar mi primera inspección fronteriza:

- ¡Aquí no pasa nada!

Decía un viajero que me acompañaba.

- La cuestión es Cúcuta mi hermano, ahí sí cada uno baila con su pañuelo o mejor dicho con su billete verde; sino, lo único que te queda es cantar ¡Y volver, volver, volveeer!

El destino manuscrito en algún inédito borrador parecía conjugarse con la suerte de este tipo adinerado que me mató el hambre y el miedo del camino.

- Ustedes sí que son una vaina seria, salen de su país con lo que

UN DISTRITO ELECTORAL PARA LOS PEX

tienen puesto y después andan con una pelazón, en una de huelgas de hambre ad-honorem, que ni el Mahadma Gandhi ni el Dalai Lama juntos, los igualan.

Me limitaba a escuchar, muchas veces sin entender. Mi compañero de viaje se cansaba de hablar tratando de sacarme del mutismo, pero mis alentadores recuerdos continuaban empeñados en acompañarme:

- Dice que si te casas con una tipa de allá te aseguras la residencia. Hay mujeres que se prestan para eso, te piden un billete y luego se divorcian. Mientras tanto ya te residenciaste.

- Esa es firme compadrito, pero en el caso de las jebas hay más chance todavía: salen preñadas y el calato influye para los felpas.

- Oye, pero no a todos les va bien. Qué me dicen de la tía de Pepelucho, del mismo Pepelucho, del chino Walter; todos ellos han salido al exterior y que yo sepa no hablan tan bien sobre ello.

- Claro, cómo quieres que hablen bien si no les fue como querían. Lo que pasa que esa gente al llegar allá tenía que empezar de cero, y dime tú ¿cuándo aquí, alguno de ellos ha dependido de sí mismo? ¿Cuándo han pagado habitación, comida, ropa por sí mismos? ¡Nunca compadre, nunca!

- Perdóname compadrito, pero que yo sepa, el chino Walter y otro que se me viene a la memoria: Panchito, siempre han dependido de ellos mismos.

- Está bien, pueden haber excepciones, pero al final de cuentas da lo mismo, porque la única razón es que se cansan y tiran la toalla, o son piñas.

- ¡Ustedes se van a amanecer hablando estupideces!

UN DISTRITO ELECTORAL PARA LOS PEX

Una inveterada voz silenció a los muchachos en medio de la ennegrecida noche que me tenía en medio de una carpa solitaria, de pronto, insólitamente rodeado de murmullos:

- El que verdaderamente estudia cómo debe ser y trabaja infatigablemente, no necesita salir a ningún exterior por más bonito que se le pinte. ¡Así es que duerman y déjense de joder!

La experimentada voz silenció el murmullo de los muchachos y me dejó con la interrogante en el recuerdo de no saber a qué lugar se referían con tanto afán de emigrar aquellas misteriosas voces.

A la mañana siguiente salí presuroso de la carpa en busca de las voces ansiosas de viajar al extranjero y extrañamente no hallé a nadie. Sólo un viejo en la intemperie de aquel terreno baldío de Santa Eulalia, con la misma voz que silenció la noche anterior a los muchachos, me dijo:

- ¿Buscas algo?

Respondí:

- Sí ¿a dónde se fueron los muchachos que lo acompañaban?

El viejo replicó:

- ¿Muchachos? ¿A qué muchachos te refieres?
- A los de anoche, a los que hablaban de irse al extranjero.
- La verdad que no sé de qué hablas hijo mío, pero que yo sepa, bajo estas condiciones, somos los únicos que convivimos con la intemperie.

Cogió sus andrajos y lentamente inició unos pasos que poco a poco lo confundieron con los arbustos del lugar.

Me quedaría con la duda de la certidumbre de todo ello, y lo que es peor, jamás pasaría por mi cerebro la idea de haber tomado un rumbo diferente al que aludieron esas voces. Jamás, ahora en pleno viaje, convencido que mi destino era el que tanto mencionaban: Caracas.

UN DISTRITO ELECTORAL PARA LOS PEX

Voces receptoras

Oigame panita ¿qué opina usted de los extranjeros?

Cónchale mi pana, veldad que no sé qué decir. Como quien dice, sin mucha palabrería: me da igual pué.

Pero, mi llave, no podemos ser indiferentes ¡no ve que nos estamos quedando sin chamba!

Comenzaba a laborar en mi nuevo entorno y mis rasgos blanquiñosos hacían imperceptible mi origen extranjero. Era invitado a opinar sobre un tema que me sacaba del mapa nuevamente.

Y tú, chico ¿qué opinas al respecto?

Cuando me aprestaba a responder, y sin duda, a acrecentar con la revelación de mi procedencia, el enardecimiento de mis compañeros de trabajo, la voz de uno de los jefes de la empresa enmudeció a todos y enterró hasta nuevo aviso mi desconcertante respuesta.

La verdad que, específicamente no éramos los venidos de la tierra de los Incas, los llamados a ser vistos desde un ángulo contradictorio. Colombianos, ecuatorianos, bolivianos y todo un cúmulo de sureños, en especial, éramos los genéricos ocupantes de un lugar que estaba destinado -en la opinión de un considerable sector desempleado- para ellos.

Se había descalificado hasta el extremo toda una época donde nuestros profesionales y técnicos eran frecuentemente requeridos. Ejemplo de ello, toda la colectividad asentada en Ciudad Guayana, Puerto Ordaz, prestando servicios a SIDOR y VENALUM, y otros buenos profesionales, integrados por completo al medio cultural y científico a lo largo del territorio venezolano.

UN DISTRITO ELECTORAL PARA LOS PEX

Eran tiempos diferentes lógicamente. Ahora ya no se venía requerido o por turismo, ahora se venía sin llamado alguno. Tampoco existía la tranquilidad de antaño, de tener una apoteósica recepción en la aduana o en el peor de los casos, una humilde mano amiga que te tienda la mano. Incluso, la primigenia aldea que hace algún tiempo todavía guardaba vestigios de la apacible Caracas, hoy se tornaba aceleradamente irreconocible. Si Lima tenía sus combis de la muerte, que no eran otra cosa que la resultante de un ritmo de vida al alcance del desenfreno de la gente; Caracas también tenía sus excesos de fin de semana al compás de sus barrios, motorizados y sus muertes.

No había mucha distancia entre lo que había dejado de habitar y lo que comenzaba a vivir. Era una continuación encadenada a un extraño principio de saturación o explosión demográfica de nuestros pueblos en su constante propósito de supuesto progreso. Lima y Caracas, con sus apretadas calles de comerciantes informales, ambulantes o buhoneros, eran el más reciente producto de un devenir histórico que nunca aceptó evolucionar con todas sus provincias.

Allí, en medio de ese artificio capitalino creado por nosotros mismos, llegar a Caracas era como extender *El desborde popular* de Mattos Mar en un capítulo inédito de vicisitudes más allá de las fronteras.

Años después, éste sería el tipo de lectura que me animaría a escribir:

"En estas condiciones, la crisis actual no es coyuntural sino estructural. Estamos frente a un insólito y espontáneo proceso de modernización. Un cambio producido por combinación entre el intenso crecimiento demográfico, la explosión de las expectativas, el mayor acceso de las masas a la información, la urbanización sin industrialización y una crisis económica sin precedentes. Un Estado en crisis, sin capacidad para responder a la presión de necesidades de las masas, casi sin interlocutor, con un servicio vacío de poder y débil legitimidad; que enfrenta a un pueblo que cuestiona y desarrolla creativamente múltiples estrategias de supervivencia y acomodo, contestando y rebasando el orden establecido, la norma, lo legal, lo oficial, lo formal".

Este sería el tipo de lectura, repito, que ahora, desde una nueva perspectiva, coincidía con mi nueva realidad venezolana y me invitaba a escribir.

Alguien me había comentado que entre Perú y Venezuela había una extraña relación histórica que consolidaba nuestros esfuerzos progresistas, al margen de la citada agudización demográfica. Desde nuestros aborígenes –los Incas e indios Caribes- el espíritu guerrero estuvo siempre presente en el transcurrir del tiempo histórico. Prueba de ello, la última gran sublevación autóctona de Túpac Amaru en el Perú y del Indio Guaicaipuro en esta parte del Caribe. Pero ese énfasis independentista se mantiene y logra tramontar la época colonial, con la presencia del ejército libertador bajo la magistral conducción de criollos venezolanos como Bolívar y Sucre, y de peruanos como Gamarra, La Fuente y Salaverry; mención aparte para los que pocas plazas existen en su honor: los llaneros venezolanos que montando a pelo atravesaron los andes y sellaron la independencia de América en la célebre batalla de Ayacucho, y los guerrilleros del pueblo Inca, como Ninavilca, Huavique (Huarochirí), Francisco de Paula Otero, Marcelino Carreño (Huánuco) y Zárate (Valle de Ate, Lima), quienes sumaron incontables individuos anónimos que entregaron su vida por la independencia.

Pero esta sacrificada relación independentista, dejaba de extrañarnos al abordar una época más reciente, donde las dependencias de nuestros países estaban supeditadas al común denominador de los últimos decenios: el endeudamiento externo. Se marcaría el inicio de un despertar de conciencias hacia una realidad que hace mucho tiempo había dejado de ser netamente

UN DISTRITO ELECTORAL PARA LOS PEX

indigenista. Aparecen los lados contrapuestos a través de partidos políticos enarbolando una revolución contemporánea con las masas a merced de un emotivo discurso cargado de justicia para los eternos desposeídos. Conjugan en la historia la existencia de un Víctor Raúl Haya de la Torre bajo las siglas conciliatorias APRA, de la Alianza Popular Revolucionaria Americana, y la de un Rómulo Betancourt en Venezuela bajo las siglas AD, de Acción Democrática. Extender las comparaciones entre ambos personajes propulsores de una etapa en la que se justificaba debatir sobre una identificación conciliatoria con las grandes mayorías desposeídas por culpa de unos cuantos focos de riqueza, sería –ahora- caer en demagogia, pues a la postre, el poder eclipsó –en especial a sus seguidores- una historia que pudo ser distinta, y sin embargo, aún hoy, es oscura.

Pero no sólo el plano democrático fue punto de unión entre el Perú y Venezuela, también los claustros de la Escuela Militar de Chorrillos albergaron la preparación de uno de los venezolanos que marcaría la etapa gubernativa más recordada del militarismo venezolano. Pérez Jiménez y su gobierno de facto para los venezolanos, así como Odría para los peruanos serían la antesala hacia la democracia, interrumpida en Perú por Velasco y Bermúdez, ininterrumpida en Venezuela y pese a ello, en ambos casos, con la consecuente agudización de la crisis estructural del sistema democrático. Mandatarios como Carlos Andrés Pérez (2do gobierno) y Alan García Pérez (1er gobierno), rebasarían la gota del vaso de la cruda historia que nos tocó vivir.

En resumidas cuentas, nuestras repercusiones guardan una compenetración histórica que por lo común nos tienen al borde de un clamor compaginado con la cruda realidad de haber hecho de las capitales de ambos países, campos de concentración de una guerra no declarada por la vida.

La última variante presentada por la tierra de los Incas, rompería con todos los tradicionales libretos democráticos y traería en

UN DISTRITO ELECTORAL PARA LOS PEX

Venezuela una corriente de opinión alentadora hacia un tipo de gobierno más contundente en sus reformas estructurales.

- ¡Epa! Perucho, por fin eligen un Presidente que tiene las botas bien puestas.

Había llegado el momento de identificar mi origen en el trabajo y, contrariamente a lo que en un primer momento pensé, me convertí en el más apreciado del grupo.

UN DISTRITO ELECTORAL PARA LOS PEX

Juan Pérez aéreo

Desapercibido por completo, recordó al Juan Pérez del ejemplo de colegio, se observó fijamente en el espejo, se dio cuenta que encarnaba ese papel. Ya formaba parte del pasado, parte del recuerdo, todo aquel presente tan conmovedor para ser falso, en el rictus de un Juan Pérez como cualquier otro, que tenía que salir del país como muchos lo hacían, aunque con la suerte de hacerlo vía aérea.

El avión había despegado y le daban ganas de decir: ¡Bajan en la esquina!, o ¡por dónde pueda por favor!, como más adelante aprendería a expresarse en venezolano. Meditaba Juan, siempre Pérez, como cualquier ciudadano del tercer mundo por vez primera montado en un avión.

Les juro que le sirvieron tremendo banquete y sin embargo ni lo probó. Se le venía quitando la borrachera al tiempo que iba apareciendo su presencia por completo. No le quedó más que dirigirse al sanitario. Un poco de agua al rostro y el espejo reflejando una cara de susto, lo tendrían de nuevo allí, como la noche anterior: sobrio.

Se detenía la retrospección de nuestro amigo que se aprestaba a dar un nuevo paso en pleno bulevar de Sabana Grande, unos años después de todo aquello.

Era catorce de febrero y cuatro pasos iban acompasados por las calles del bulevar, iban como dándole caricias a la hermosa tierra caraqueña. Ésta parecía darse cuenta del cumplido que resultaba ajeno a su entender, más el cumplido se empeñaba en aquellos pasos detenidos.

A cuatro pasos seguían las caricias, los abrazos, los reproches... el amor era celebrado en su carnívora, voraz existencia.

UN DISTRITO ELECTORAL PARA LOS PEX

La noche, como la llamó antes cuando la conoció, la llevaba, ahora, tal vez distinta en sus afanes, pero igual de romántica como la quiso. Ella, como siempre lucía esbelta, arrogante, plena. El mismo vestido oscuro que alguna vez se pusiera en los andes de su tierra o en la selva aquella de sus primeras cuitas amorosas, la cubría toda y toda ella lo estremecía.

El avión nuevamente revolvía su pasado: una copa de vino, unos audífonos con música selecta, una hojeada a la revista de la línea aérea, unas que otras miradas entrecruzadas a los compañeros de viaje, un ligero vistazo a la película exhibida, un no querer decir palabra alguna, un tremendo mutismo; eso era Juan Pérez aquellas horas de vuelo que lo traían, casi de bruces, a tierras caraqueñas.

Pero los pasos continuaban adormecidos en un amor de profundidades desconocidas en aquel bulevar que continuaba recibiendo su presencia en ese instante. Las luces le daban nuevos reflejos a la noche, ahora moderna, vistosa, enfrascada en una selva de cemento, un tanto similar al Jirón de la Unión de la vieja Lima. La gente hormigueaba en el dulzor del amor, los pasos aumentaban, las plazas atestiguaban su calor. De pronto, aquellos cuatro pasos acompasados, ya en quietud, se ruborizaron de pensar en ellos mismos, la noche se tornó roja hasta avergonzarlos. De pasos detenidos, resultaron acelerados, como queriendo huir de su propia vergüenza, pero nadie se ocupaba de ellos, pues era la noche y él, ya no acompasados.

Entonces, observaron la quietud aquella de los pasos detenidos generalizada en redor. Comprendieron luego, aquella sensación de ir a cuatro pasos... Comprendieron lentamente.

-¡Cuidado! ¿Su cédula de identidad, por favor?

UN DISTRITO ELECTORAL PARA LOS PEX

Una vez más, el avión y su recuerdo, el hermetismo de casi todo el viaje entre neblinas, y el de pronto, resplandeciente calor caribeño con las burbujas de la orilla de la Guaira y Maiquetía, hicieron palidecer su retrospectiva mirada hacia aquel momento en que tuvo que dar el primer paso acompasado en tierra de Bolívar.

Nadie se aprestaba a recibir tan sólo a uno de tantos viajeros. No había ninguno aquella tarde que por coincidencia careciera de recepción. Todos, a medida que avanzaba el tiempo se deslizaban ante un apretón de manos, un abrazo, un beso, o en todo caso, un sencillo reconocimiento: ¿es usted el señor Juan Pérez?

- Si, así es.

- Okey, yo soy la persona encargada de llevarlo a Caracas.

Esta recepción quedaría en la imaginación de nuestro amigo, que ahora en pleno bulevar, tenía que continuar imaginando la delicada pregunta y responder no sólo con palabras, sino con hechos ¿quién era el genérico Juan Pérez?

-¡Ciudadano... no oyó! ¿Su cédula?

UN DISTRITO ELECTORAL PARA LOS PEX

Juan Pérez terrestre

Ésta era una realidad un poco más contradictoria para nuestro nuevo genérico Juan Pérez y no por ello menos trágica y feliz al mismo tiempo.

Atrás habían quedado Huaquillas, Tulcán, Ipiales y junto a ellos, todo el preámbulo de lugares de la tan mentada Cúcuta. Adelante quedaría la primera bohemia caraqueña, una de esas noches donde la temperatura se te sube hasta los cabellos.

- ¡Epa!, a mi amiga le caes bien ¿Qué tal si después de la reunión nos echamos unos palitos?

- Bueno, ¿por qué no?

Era la primera vez que a Juan Pérez lo circundaban tantas bellas mujeres bajo una tonalidad distinta en el hablar. Inevitablemente los tragos fueron haciendo mella en una conversación cada vez más acalorada.

- ¿A dónde te dejo mi amor?-. Preguntaba la del volante.

- Chica, déjame por aquí mismo... ¡Qué lo disfrutes!-. Se estremecía la puerta.

Fue la última en abandonar el auto y en dejar expedita la noche para el primer placer caraqueño de Juan Pérez. Sin embargo, en los prolegómenos del romance, una repentina sirena comenzó a ensordecer su trayecto. Cuando se disponían a dar paso a la patrulla de bomberos o de emergencia, se dieron con la sorpresa de ser interceptados por una patrulla policial.

- ¡Epa! ¿Qué espera para bajar?-. La voz enérgica de uno de los policías pretendía que no sólo Juan Pérez abandonara el vehículo, como ya lo había hecho.

UN DISTRITO ELECTORAL PARA LOS PEX

- Sí, mi amor, obedece. Es sólo una simple inspección policial-. Manifestaba Juan Pérez, seguro de sí mismo, bien encorbatado, con los pantalones bien puestos, como dicen de los que no la temen, aunque la deben.

Aun así, no bastó con ser diligentes, pues igualmente fueron tratados como en las series policiales, contra la pared, piernas y manos abiertas y acusados.

- Bueno, usted se puede ir, pero su amigo se queda. No tiene cédula de identidad-. Enfatizó uno de los policías.

- ¡No tiene cédula porque está en trámite, al menos tiene pasaporte, no somos delincuentes!-. Entre lagrimeaba la trasnochada dama.

Allí en ese mismo instante, Juan Pérez volvería a hacer lo que ante las dificultades de la vida, comenzaba a ser de rutina: "bajarse de la mula". Con un billete todo quedaría en el olvido de aquellos policías y en el futuro de un Juan Pérez que por el momento, en pleno Cúcuta, se aprestaba a escuchar también algo distinto, y pese a ello, igual de rutinario:

- Mira chamo, aquí traigo unos peruchos.

Sería la primera vez que escucharía el apelativo popular de sus paisanos. Sería además la primera cédula de identidad que usurparía su nombre. De una cantidad de cédulas de identificación escogieron al que por rasgos característicos sería él, y así como a él le hallaron un tipo, al grupo le hallaron otro grupo. Un estilista era el encargado de darles los últimos toques estilísticos a sus nuevas identidades.

Bueno señores, están listos en apariencias, ahora memoricen sus nombres, número de cédula y comiencen a hablar en veneco:

UN DISTRITO ELECTORAL PARA LOS PEX

¡Epa chamo! ¿Cómo va la vaina? ¿Entonces? ¡Qué va, mi pana! ¡Cónchale vale! ¡Qué arrechera! ¡Dígalo ahí! ¡Dígalo ahí!...

Los cabellos más ensortijados se escarapelaban y erizaban por lo que venía. No era para menos, los encontronazos con la Guardia Nacional y el papel de impostores que jugaban, les daba con la escalofriante situación de sortear las alcabalas.

- ¿Su nombre y número de cédula?-. Era la pregunta que tenía forma de estocada. Cada detenimiento del bus era preludio de un control, y cada uno de ellos, un nudo inusitado en la garganta.

Como en las típicas películas de suspenso, uno de todos habría de fallar:

- ¡Epa! ¿No sabe su nombre?-.

Los nervios paralizaron a un tipo, al extremo de enmudecerlo. "El pasador", como le llamaban al contacto, se vio obligado a reaccionar aduciendo que el interrogado padecía de sordera, no en vano una buena cantidad de dólares habían roto la mano del que en Tijuana México, denominan "Coyote". Las caras pálidas recuperaron su color a medida que el carro se alejaba del control salvado, pero no por mucho tiempo: un nuevo control renacería el emblanquecimiento.

- Y usted, ¿qué hace con esa navaja? ¡Epa... un malandro! ¡Vamos venga pa'ca y sáquese la ropa!

Desnudaron a otro y la situación pareció llegar a su clímax. Sin embargo, escrito estaba que llegarían a Caracas.

- Ya ves compadre, ser negro es una vaina.

- ¿Por qué hermanito?

UN DISTRITO ELECTORAL PARA LOS PEX

- Porque un blanco en la frontera es turista mi hermano, mientras un negro: "pasador", "indú" o "coyote" mi brother.

UN DISTRITO ELECTORAL PARA LOS PEX

Vida subterránea

El sol abrazador de la nueva ciudad, el extraño desaparecer de la gente rumbo a una vida subterránea hasta ese día inexistente en mi novel conocimiento del mundo, el desborde de una contagiante alegría que más que cubrir un sinnúmero de tristezas no dejaba de conjugar con esas ganas de vivir al máximo cada momento de una vida, sin duda, única, irrepetible, pese a la inevitable condición de estar sujeta a un continuismo que muchas veces amanecía, luego del hastío, con el hambre a cuestas. En fin, el simple hecho de advertir estas circunstancias me traería en regresión existencial aquella mañana presurosa de ir en busca de mí mismo.

Sí, me aprestaba a encontrarme conmigo mismo en un tiempo en el que difícilmente la gente lo hacía. Me aprestaba a una toma de conciencia frente a mi universo de vida, que implicaba una familiar abstracción a mantenerme e indagar lo desconocido, a transponer los límites de lo que estaba a la vista, a salirme del tiempo sucesivo con una réplica espiritual. Prestarme a esto era romper el tiempo que me traía con todas sus dificultades y alegrías hacia una observación sin la gravitación obsesionada hacia el futuro inmediato, sin el día anterior en la memoria, sino con todo el compendio de los días habidos y por haber, en una utopía cargada de paraísos y de sueños que de alguna forma me mantenían en vilo. Dentro de este aprestamiento espiritual llegaba el miedo, y con él, el fin del tiempo sucesivo. Lo mítico, lo legendario, la creencia en un progreso ascendiente, en un revolucionario cambio de coincidencias, en una integración sin fronteras, convertían la ciencia social de la historia que vivía, en una ciencia ficción que atravesaba las barreras lógicas del tiempo, para dar paso a un detalle anecdóticamente importante para entender mi nuevo rol existencial.

Todo ocurrió cuando me detuve ante un insignificante papel que desde el primer día que pasó por mis manos se convirtió en una

UN DISTRITO ELECTORAL PARA LOS PEX

especie de tarjeta de trabajo. En efecto, desde que lo vi no dejaba de indicarme el camino. No dejaba tampoco de traerme, con toda mi circunstancia, a las puertas de un momento exacto, fijo, determinado, por un destino que al margen de su existencia me daba con su mirada cronométrica de recordarme el día, hora, lugar y fecha de la intrascendente situación de estar allí frente a una máquina, que sin estar programada para ello, atravesaba su utilidad material para llegar a penetrar en lo más íntimo de mis aceleradas vicisitudes. Era hallado, como de costumbre, por un pedazo de papel amarillo con una raya marrón en el medio que daba paso a recorrer la ciudad al ritmo de los tiempos modernos, bajo la celeridad del Metro o tren eléctrico de Caracas. Daba paso también a la reflexión de ser contabilizado sin solicitarlo, de dejar todo un diario de horas, lugares y fechas carentes de vida más allá de estos códigos, de dejar de sonreír frente a lo anecdótico de saber que alguien se preocupa por ti a través de un seguimiento no pedido, y que a su vez te da con la triste sorpresa de descubrirte dando vueltas alrededor de las mismas paradas o paraderos, los mismos destinos, el mismo entorno, con los principios bien fundados, tal vez, pero con la extraña fatiga de darte cuenta que algo pasó inexorablemente e hizo mella en ese ímpetu de vida desde el primer boleto que llegó a tus manos.

Lógico, si bien el boleto, por su estructura, parecía ser el mismo, pues permitía abordar siempre un nuevo destino, inevitablemente nunca era el mismo. Eran testigos, los días domingos con sus goles y ejercicios, los días de semana con sus estudios y trajines, la soledad de todos, la compañía de algunos, los besos de unas, los rechazos de otras, es decir, toda una vida.

Toda una inimaginada vida subterránea que de alguna manera tenía un significado especial para llegar a mí mismo en medio de una selva de cemento que con el transcurso de los años había logrado conquistarme. Una llegada que parecía tener la consistencia de la fuerte frenada del Metro, la suavidad de su partida, que poco a poco y sin desestabilizar a sus pasajeros

UN DISTRITO ELECTORAL PARA LOS PEX

adquiere la velocidad del futuro, el estruendo de su acelerada, esperada y repentina presencia, y el silencio de su hermética

y calurosa ausencia. Así llegaba al fondo de encontrarme con todas mis entradas y salidas subterráneas, dando pie a comprender mi nuevo ritmo de vida, mi nueva forma de hallarme plenamente.

Las miradas parecían cubrir de pies a cabeza no sólo mi aspecto físico, sino, y lo que era peor, mi aspecto emocional. Realmente las miradas no se dirigían a mí, pero el sólo hecho de que mi observación era mental, hacía que hasta el boleto aquél, que me aumentó las pocas ganas de vivir, cobre vida.

Algunos enfluxados -como se les dice a los encorbatados aquí en el Caribe-, otros andrajosos, unos cuantos deportivos, la mayoría informales, circundaban mi presencia que tenía matices de ausencia en un pedazo de papel que no dejaba de indicarme el camino. Comenzaba a odiar aquel boleto que me mantenía indefectiblemente limitado a un destino crónicamente anunciado desde el mismo instante de mi entrada a la estación del Metro. Estaba allí, irremediablemente situado.

La mañana recuperaba su calma y no había por qué apresurarse, simplemente había que abordar la estruendosa máquina y dejarse llevar por ella. Allí, en medio del encerrado recorrido, me encontraría inevitablemente a tiempo de un tiempo que no terminaría de preocuparme hasta el cansancio: un diario reflejaba la trágica noticia de un arrollamiento que por cosas de reflexión ante insignificancias de la vida, no era, ni sería el mío.

El odio daría paso al llanto, y éste a su vez, a un extraño cariño hacia un pedazo de papel que no dejaría de indicarme el camino a comprender la vida, al margen de las frustrantes invitaciones que inconscientemente nos manda la muerte.

UN DISTRITO ELECTORAL PARA LOS PEX

Sola

La mirada de ella eran varias miradas a la vez. Su tono de voz, ni hablar: todo un eco familiar. En un lenguaje sin palabras sentí que no se trataba de una simple observación recíproca en la que yo descubría las vicisitudes de una serie de muchachas como ella, y ella a su vez acompañaba ese descubrimiento con su melancólica aceptación de ser parte de esas crudas experiencias que nos manda el destino.

Sentí el extraño descubrimiento de estar redundando ante la mirada de ella, en el entendimiento de un encuentro que hacía mucho tiempo había dejado de ser único, específico. Es decir, ella, no era ella solamente. Era la soledad aquella que en algún momento me narró su controversial arribo a Venezuela bajo las rejas de haber sido detectada sin visa requerida en plena frontera; era la que tras haber salvado los controles más críticos en una de subidas y bajadas previas a cada alcabala, no pudo con el motivo de su fuga familiar y trajo al mundo un robusto bebé que desde su embrionaria salida del Perú había comenzado a ser venezolano sin saberlo. Era, luego, la misma que jamás imaginó tanta atención maternal, tanta compasión con un parto ajeno para el increíble suceso de tenerla, tiempo después, tocando las puertas de su Embajada y Consulado, solicitando auxilio ante su condición de madre víctima de un inusitado tráfico de niños.

Era también, la que no podía vivir sin escuchar, aunque sea cosa poco cierta –semana tras semana-, que pronto su caminar zigzagueante ante la presencia de los policías de la calle, iba a ser parte de un ingrato recuerdo, pues sería parte del pasado; o la que en circunstancia más atroz, estaba a expensas de un aletargado veredicto judicial que difícilmente iba a devolverle la sonrisa, tras haber perdido a sus gemelos bajo los engaños del propio padre de sus hijos en Caracas. Era, en fin, la que después de muchos años de haber desaparecido por completo en su historia familiar, era buscada por sus hermanos con una foto de más de una década de antigüedad, y que súbitamente aparecía ante un escenario crónicamente anunciado: extraviada de por vida. Era así de controversial aquella mirada, que a veces se atrevía a desafiar a todo un tiempo que pudo haberse detenido en una sonrisa, pero que inevitablemente se excedía hasta las lágrimas.

En suma, su mirada continuaba atravesando una serie de experiencias, que daba la impresión de estar mirando a todas en su punto coincidente de estas solas, como ella, que se regocijaba ante mi abrazo caluroso, ante mis pláticas sobre los desbordes de la vida, ante mis lágrimas que acompañaban a las suyas, tan solitarias; ante todo aquello que con mi compañía dejaba de estar sólo, al menos por un tiempo.

Empero, no todo se consumaba con ser el desfogue de una mirada conmovedora que con lágrimas furtivas continuaba dándole aliento a la tristeza. No todo apuntaba a un constante encontronazo con un charco de llanto de una mujer que pudo ser mi madre o hermana. No todo se venía tropezando con la misma insensible piedra.

Siempre había un día siguiente, siempre un mañana, una razón, que más allá de toda melancolía, nos daba la apretada de manos necesaria y nos indicaba el camino. Eran pocas, pero eran, las que lograban incorporarse a estas señales de vida. Eran pocas, pero eran, las que detenían el éxtasis de la desesperación o el disfrute, para dar paso a una renovada existencia.

Allí, en medio del análisis, la misma mujer que me transmitía un sinnúmero de rictus y tristezas, comprendía una vez más mi mirada y se enamoraba de ella, integrando sus ojos a los míos, ya sin llanto.

UN DISTRITO ELECTORAL PARA LOS PEX

Solo

Desde lo alto de las torres del Parque Central, la eterna primavera presenta una Caracas coqueta, risueña y moderna. El vaivén caribeño de sus hermosas mujeres, cual olas de mar, acarician la tierra que agradecida en su verdor, posa artística. Bolívar, el insigne, revive el grito de libertad en cada uno de sus habitantes, intuye un poco, que es una constante. La realidad de hoy lo desafía con una convulsionada sociedad que aventurada en historias extranjerizantes, deja en el archivo tanta heroicidad y tanta fuerza. Las estrechas y entrecruzadas calles dominan el panorama erguido de edificios, que de primera impresión te disminuyen. Su gente indiferente a lo que pueda significar un recién llegado, te alienta con su espontaneidad característica, mejor dicho, te confunde con los suyos; pero como la habitabilidad es una disposición moral, un itinerario en el espacio del espíritu, algo, además, inexorablemente social, público, común, un reflejo cristalino donde observándonos la vida, aprendemos a hablar, razonar y vivir la vida de nuestras costumbres; se hace ineludible, no sólo como un simple poblar, ocupar o mero estar, sino como una permanencia de seres humanos que deciden quedarse por una extraña atracción al lugar, con todo y sus imponderables. Este es el principio del sincretismo cultural peruano-venezolano que no deja de lado una serie de situaciones anecdóticas como los constantes extravíos ante la encrucijada de esquinas que las malas lenguas de los viajeros atribuyen a Tokio por seguridad, y a Caracas por lo contrario, como únicas ciudades en el mundo con direcciones inexactas.

"De Cruz a Miguelacho", sería el primer acertijo por descifrar, aquella mañana que se percataba de todo este análisis nuestro "cholo" de acero inoxidable, sólo frente a su nuevo entorno. Claro, esta vez la Cruz representaba a una esquina, aunque no por ello, dejaría de llevarla en el hombro durante sus primeros pasos caraqueños, y Miguelacho, era la esquina subsiguiente. Entre ambas esquinas, como en todo el centro de Caracas, hallaba la dirección que buscaba. Era, y seguiría siendo la mejor manera de hacerlo, pues

UN DISTRITO ELECTORAL PARA LOS PEX

a la postre uno le agarraba cariño a tan poco común búsqueda.

Así, habría de llegar el cholo, ahora sin apodo, pues "cholas" son sandalias, y "cholos" no se entienden.

Que como ayudante de albañilería, que como pintor, que como ayudante de cocina, que como buhonero (ambulante), que como quiera que fuera, el cholo, sin oficio determinado, pero con una impetuosa predisposición hacia el trabajo, debía adecuarse a lo que se le presente.

Recuerdo un atardecer de esos acalorados de los últimos tiempos, donde el gentío de informalidad lucía una Lima con caracteres definitivamente caóticos de venta al menudeo. Trágicamente abocado a cargar cuanta mercadería había que vender, la gota aún la siento caer por mi columna rumbo a tu sabes dónde. Todo está tan en mí como este nuevo sudor que me fatiga. Habrá que hacer lo mismo que en la vieja Lima. Total, es la profesión más creciente de los últimos tiempos en nuestros países subdesarrollados. Ser vendedor informal, buhonero, ambulante o como quieran llamarlo, es más rentable que ser parte del proletariado. No dependes de nadie y las leyes tarde o temprano te amparan-. Concluía el cholo, decidido a todo.

Tiempo después, lo encontraría cabizbajo, sentado en la vereda de una calle que asomaba un poco de carritos –en hileras- de "perros calientes" o "hot dogs". En sus manos se dejaba leer la gaceta oficial del Gobierno Venezolano, que era la causa de su congoja:

"Declaración jurada –para el caso de los extranjeros- formulada ante un funcionario de la Dirección General Sectorial de Extranjería del Ministerio de Relaciones Interiores, mediante la cual el solicitante se compromete a no dedicarse, bajo ninguna forma ni concepto, a la buhonería".

UN DISTRITO ELECTORAL PARA LOS PEX

Daba la impresión que el cholo hacía la excepción en la regla, pues difícilmente su estruendosa manera de ser daba cupo a percibir la ausencia típica de los que son doblegados por la vida.

El cholo había pasado por una cierta metamorfosis espiritual que dejaba de lado el simple poblar, ocupar o mero estar de los advenedizos, y que lo ponía en el plano humano de permanencia afectiva, en una ciudad que pese a este último fatal impedimento, de acuerdo a sus recuerdos, le ofrecía una sonrisa más carismática que la de su amada Lima.

Las noticias que llegaban del Perú eran bastante fructíferas, pero no había como digerir aquellos convulsionados años que lo sacaron de su país.

- No chamo, yo no le paro. Yo le echo bola, a todo chamo, a todo. Probaré suerte en otra cosa.

El tiempo, generoso ante el esfuerzo, en una historia más reciente, traería un nuevo encuentro con el cholo. Había cumplido su palabra: se encontraba haciendo las veces de vendedor de frutas, pero ya no a expensas de una venta ambulatoria, sino en un pequeño recinto, en el que, dicho sea de paso, habitaba.

- Aquí me tienes hermano, ni tan pobre ni tan rico, matándome el hambre y el de los venecos.

No se equivocaba, había logrado integrarse al nuevo entorno por completo. Un cliente barloventeño, tras un jugoso mango, le daba la razón:

- Ya yo almorcé... Si, aquí hay que comer como los pájaros, porque ¡qué va!... ¡Qué va mijo, qué va!

Algo era evidente, el cholo ya no estaba sólo.

UN DISTRITO ELECTORAL PARA LOS PEX

Volver al futuro

"No comprendo, si acá desempeñan funciones tan difíciles para mediovivir ¿por qué no regresan a su tierra y trabajan en lo mismo? Que yo sepa, al menos en su tierra tienen techo propio, comida –no les falta- amigos, familia, es decir, no pasan las de Caín hermanito... No, no digas nada, déjame leerte el pensamiento, ya sé lo que me vas a decir: ¡aquí están mejor!, tienen más ingresos... ¡Perfecto!, pero, a ciencia cierta, si se miran al espejo y analizan sus ingresos: ¿A qué obedecen?... ¿Acaso no obedecen a un mayor esfuerzo y sacrificio? ¿Acaso no se privan de innumerables satisfacciones que les da la vida, para luego, en una etapa posterior, en visión retrospectiva, darse cuenta que muchas de esas privaciones son innecesarias ante una existencia tan corta para disfrutarla? ¿O se olvidan que la vida se ha hecho para disfrutarla y no para padecerla? ¿Acaso en sus países de origen, con esa misma predisposición hacia el progreso que les da su condición de inmigrantes, no estarían dándole una sonrisa más contundente a la vida? ¿Acaso el medio abrupto del primigenio mundo limitó el triunfo del hombre, y en el caso del Perú, el triunfo del Imperio de los Incas? ¿Qué los trae por el mundo en un tour que lejos de distraerlos no termina de preocuparlos y transformarlos? ¿Qué, más allá del desengaño de encontrarse ante una realidad que no deja de ser una extensión de su propia realidad, sólo más apremiante por su condición de ilegales?

¡Okey!, no hay vuelta que darle, ya salieron, ya son inmigrantes. Ahora bien, considerando imparcialmente, que al final de cuentas –por la circunstancia que sea-, esa nueva realidad en nada comulgue con un mayor bienestar y perspectiva positiva hacia el futuro y de los que los rodean; no queda otra alternativa que aceptar el único beneficio que puede dejarles la travesía: la experiencia. Es decir, no queda otro camino que cerrar la página de la aventura a lo Indiana Jones y volver al lugar de origen para poner en práctica la experiencia de darse cuenta que, en efecto, la comodidad de la casa propia, de la comida al gusto, incluso el clima, léxico y costumbres de su gente, que en sus orígenes

UN DISTRITO ELECTORAL PARA LOS PEX

estuvieron a su alcance, son un aliciente que merece de un especial aprecio para la definitiva entrega hacia el progreso que debe de significar su retorno.

Regresar al lugar de origen para volver a emprender la lucha por la vida, para muchos es retroceder, y lo que es peor, es motivo de vergüenza. Si, así de paradójica es la realidad del que no se atreve a dar un paso atrás pese a saber que es la única salida que le queda, y el mejor lugar para poner en práctica su experiencia. Sin embargo, la idiosincrasia del peruano difícilmente acepta la vuelta a casa con tan sólo la experiencia de vida a cuestas. Por el contrario, se espera el regreso triunfal del hijo con dólares en mano, que pese a tan sólo ser un pedazo de papel que garantiza el bienestar material de la familia, mucho importa frente a una crisis existencial que ansía tocar para creer. El orgullo encadenado al caciquismo del título de noble dentro del viejo Imperio, o tal vez al de Virrey en la Colonia, o al de Libertador en la independencia; hacen que los títulos empresariales sean los que autodenominen a nuestros supuestos héroes de hoy, ante una pleitesía hacia un honor –en la mayoría de los casos- exageradamente alabado por los que a la postre pretenden pasar factura, y de igual forma aceptado por el que al final de cuentas acostumbra a pagar con demagogia.

Pero, volver sólo con la experiencia de vida a cuestas, es una paradoja, simple y llanamente, imposible de aceptar. Sólo las madres o el consuelo de las abuelas de la familia tienen la capacidad de comprender que efectivamente siempre hay un paso atrás para el salto definitivo hacia adelante, y que nunca es demasiado tarde cuando se tienen ganas de vivir. El resto de la familia, y en especial los amigos del barrio, son los encargados de hacer de su retorno, un fracaso, hasta en el simplismo de ponerles un apelativo que identifique el lugar o país al que se fueron para no volver y del que regresaron para no volverse a ir. Todo un enrojecimiento de rostro que indefectiblemente los trae y retrotrae hasta el cansancio de llegar a convencerlos de que tal vez hay un poco de razón en todo ello y que quizás fracasaron.

UN DISTRITO ELECTORAL PARA LOS PEX

Entonces, la única luz que de alguna manera parece devolverlos al camino, es la luz de la experiencia que los puso en práctica de vida más allá de las fronteras. La luz que es lo suficientemente potente para no apagarse en medio de la envidia de su propia gente, que ve emerger de sus nuevas ampolladas manos, expeditas condiciones para el trabajo, y que dejan en el pasado esa mala costumbre de conquistar a los demás antes de preocuparse por conquistarse a sí mismos".

Terminaba de releer el artículo, ahora publicado, que lo animaría a regresar un día de estos, aunque sea imaginariamente, a aquellos intrascendentes años que lo llevaron a dar rienda suelta a estos análisis congruentes con la estrechez de habitar su nuevo entorno.

- Compadre, me arranco, esto no es para mí. Yo allá gano más mi hermano, y mi chamba es más relajada. Tengo casa y familia, claro, tendré que volver a empezar, pero no importa, total, acá ni existo, mientras que allá no sólo me identifican por mi nombre, sino hasta de cariño me dicen: Pipo. Volveré con más ganas mi hermano.

- Okey compadrito, no se olvide de su salvoconducto.

El adiós era inminente, pero de alguna forma, el retorno era compartido.

UN DISTRITO ELECTORAL PARA LOS PEX

Deportado

La gente en su hormigueante vivir carga su propia hoja de avatares, sus vicisitudes atraviesan las espigadas calles de Caracas, encendidas de un extraño modernismo que en las faldas de sus cerros se contrastan y diluyen con los barrios. Las miradas se contagian de apreciarlo todo bruscamente. Sin reparos, el vocablo recortado da un "si señó" afirmativo, casi por instinto; la fuerza de su gente respira, degusta todo lo que su metabolismo solicita, nada puede alterar a los sentidos más que lo que puede entrar al entendimiento de esta razón de ser, por lo que se dice, comenta, transmite o arguye de boca en boca: por el oído. Se entiende entonces, un desentendimiento cruel por lo que se deja de alimentar, educar y formar. Los sentidos alterados confluyen en degeneraciones propias de familias desamparadas, de madres solteras, abandonadas, niños viejos, y pare usted de contar. Los sentidos, los no definidos, se ven alimentados a diario por la vista, oído y expresión grotesca de un aparato genial, pero transmisor de prototipos sacados de las imaginación endiablada de una sociedad violenta: la televisión. Lamentablemente las cosas negativas tendemos a captarlas con mayor facilidad que las positivas. El diario con página policial mejor ilustrado, la película más violenta, la música más extravagante, los vicios más nocivos para la salud, son el pan de cada día del hombre de hoy.

Todo esto habría de pensar aquella noche frente a los que en situación similar apoyaban sus manos sobre la pared y a regañadientes abrían las piernas para la inspección policial de rutina. Todo esto había de pensarlo, en grande, genérico, para empequeñecer la triste circunstancia de estar en tan incómoda situación, y tener el aliciente de decir: "Hay dolores más fuertes al mío, casos más graves, menos triviales, como el de carecer de identificación, ser preso bruscamente y deportado".

UN DISTRITO ELECTORAL PARA LOS PEX

No tenía por qué quejarme. Conforme había ingresado al país debía de marcharme. Me di cuenta que mucho más hay en el entendimiento sin que haya pasado por los sentidos, que lo que aparentemente, tanto ellos, como nosotros, comprendíamos. Era algo más que el simple hecho de estar indocumentado y por ello, más que comer, beber, tocar, respirar, ver, oír, usar todos mis sentiros, es decir, más que existir. Era comprender el libreto de mi creador, que en una prueba apresurada me revolvía todo lo planeado emocionalmente, con algo tan insensible e irónico. Tanto amor y no poder contra la muerte, a lo poeta, definiría mis sentimientos. Un poco desfallecía al pensar que la vida es una sucesión equilibrada de acontecimientos, y que aunque tratara de equilibrar mi temperamento, habría un periodo de esfuerzos y sacrificios aniquilados por la carencia de legalidad material que con toda mi buena fe espiritual, serían doblegados. Unas que otras cosas materiales, otras proyecciones combinadas al bienestar espiritual de mi familia, quedarían a merced de un destinatario inédito de por vida.

Ni por un momento de alucinación habría de imaginar que en este espacio, tiempo e historia, repetiría ¡No disparen!, como aquella vez frente a los terroristas que acabaron con mi familia, mi casa y mis paisanos. Pero, así habría de ser la nueva vida, abrupta, cargada de encontronazos con malandros y policías a los que no queda otra cosa que decirle: ¡No disparen!, y rendirse. Total, estos sólo vienen por reales y te dejan, mientras los otros venían por mi conciencia.

Era preferible esta superficial locura, a aquella que había vivido en el Perú de fines del siglo pasado, que pretendía penetrar en mis ideas y sentimientos, en mi punto de vista tan particular y simple de la vida. Era preferible esta dislocada convivencia con la muerte, pues inobjetablemente todos estábamos expuestos a ella, así de súbita, repentina, insensible, como suele presentarse, pero bajo ninguna razón, premeditada y frenéticamente concientizados hacia ella.

UN DISTRITO ELECTORAL PARA LOS PEX

Gotas de lluvia

En la caída presurosa de las gotas de lluvia sobre las inveteradas calaminas de aquel pueblo nombrado como en delirio por el que hasta pereciera cubrirse debajo de un paraguas imaginario, está latente el recuerdo invernal de un hombre como muchos de los que alguna vez convivieron con los andes y sus cordilleras. En la misma caída que lo cubre ahora de nostalgia, persiste aún confundida con sus lágrimas, la lluvia aquella que como siempre tapa y disimula su tristeza. Las lluvias de Caracas, a veces son violentas y casi siempre te agarran de sorpresa. Cuántos liqui-liquis (trájes típicos llaneros) salpicados por el convulsionado tránsito, cuántos zapatos inundados, destrozados, cuántas circunstancias suscitadas por la lluvia; pero ninguna de ellas comparada con aquel barro natural, que en días como éstos, en los cuales redacto estas líneas, atraviesan el recuerdo de nuestro buen amigo El Indú.

En el hermetismo de su pensamiento acelerado, todas las miradas apuntaban hacia él. Todos los grupúsculos de gente, a media calle, en las esquinas, alrededor del kiosko de periódico, del perro calientero, de la plazuela con sus mesas de ajedrez, todos eran un solo murmullo que necesariamente tenían que estar hablando de él y su situación de inmigrante, y no de otra cosa. Era imposible quitarle aquella idea con palabras. Había que llevarlo a que se convenza de lo contrario. Y bueno, a veces la vida en su conjunto te lleva hacia ello silenciosamente, a lo Charles Chaplin, sin palabras. Así, de pronto, súbitamente, El Indú que no era otro Juan Pérez más de los de siempre, volvía a ensimismarse con recuerdos de su pueblo, con aquellas frías madrugadas de tres de la mañana, bajo cero y bajo la extraña circunstancia de saber que todos duermen, menos él y su equipaje, pues se aprestaba a realizar un largo viaje. Con aquella rara sensación de no vislumbrar mayor vida que la de él, el chofer y los pasajeros. Con aquel helado silencio, sabor a cementerio, que lo dejaba a leguas de entender que tan sólo el pueblo descansaba y que habría un nuevo amanecer, un nuevo día, con todos sus paisanos despiertos. Ese nuevo día, inconscientemente era el que lo afectaba, pues era un día sin él. Sentía que algo se rompía en el silencio, que el ruido del vehículo que lo emigraba hacía las veces de bisturí en medio de una operación con matices de autopsia. Era poco creíble y ficticia toda esa compostura de viajero indiferente a ser parte de un vacío existencial. Era constatable que si bien es cierto la llovizna de la noche mojaba el panorama sin cesar, no había cómo explicar que tras las ventanas del vehículo alguna pupila presentara vestigios lluviosos. Es decir, era evidente que más allá de este ensimismado momento, vendría otro que compaginaría con una especie de recurrente regreso. Retornos que iban y venían a la velocidad de la luz, del campo a la ciudad, en una extraña descentralización espiritual que se veía en la inevitable necesidad de adecuarse a los edificios, que alguna vez y en definitiva, remplazarán a sus fatigados cerros; a los artificiales ruidos que en una oportunidad –igual de culminante- alteraría de por vida la pasividad de lo natural. Vendría la apoteosis de la ciudad y su invitación a aceptarla como tal.

Pero, estos no serían los más ansiados retornos de nuestro meditabundo Indú, otro, con nombre y apellido, pasaría por encima de cualquier mínimo recuerdo. Estaba presente a cada instante, pues el sólo hecho de ser ignorado, mejor dicho, generalizado como uno más del poco de inmigrantes anónimos que existen en el país; contrastaba con el ampliamente conocido papel que desempeñaba con los suyos en el pueblo aquel de sus recurrentes regresos.

- Ya hasta me estoy olvidando cómo me llamo, pues como nadie me conoce, difícilmente me llaman por mi nombre.

- Y entonces compadrito, cómo lo llaman?

- Me dicen tantas cosas, que en mi diccionario significan lo mismo: chamo, pana, brother, perucho, indú…

UN DISTRITO ELECTORAL PARA LOS PEX

Lo cierto es que la lluvia es la alborotada de siempre, la que no da tiempo para nada que no sea ajeno a un buen resfriado, y sin embargo, si da espacio para todo lo que sea familiar a esa extraña vitalidad de ser parte del campo, aun viviendo en la metrópolis caraqueña.

UN DISTRITO ELECTORAL PARA LOS PEX

Nuestro primogénito Juan Pérez

Entre 1928 y 1929, sin duda, nuestro primogénito Juan Pérez, el poeta de Los Heraldos Negros, César Vallejo, tuvo algunas vicisitudes en la otrora Unión Soviética, que lo animaron a escribir y describir aquellas famosas *reflexiones al pie del Kremlin*. A propósito de dar respuesta a algunos lectores de estas páginas que atinaron a sugerir una que otra pincelada concatenada con el país receptor de nuestros Juan Pérez contemporáneos, quiero animarme a traspolar algunas ideas vertidas por Vallejo en aquel tiempo histórico tan complejo como el de la revolución proletaria en su transición al socialismo, emparentándolo con la Venezuela bolivariana y su socialismo del siglo XXI.

Diría, como el vate de Santiago de Chuco: *"no basta con haber estado en* Venezuela –Vallejo hablaba de Rusia-; *menester es poseer un mínimo de cultura sociológica para entender, coordinar y explicar lo que se ha visto"*

Luego, agregaría a este trabajo en el que intento compaginar el clamor de los peruanos en el exterior por un Distrito Electoral que los represente en el Congreso, con planes, acciones en pleno desarrollo, opiniones y relatos migratorios, que lo único que "trato de exponer son los hechos tal como los he visto y comprobado durante mi permanencia en estas tierras, y trato también de descubrirles, en lo posible, su perspectiva histórica". Y agrego, siempre parafraseando a Vallejo al pie de la letra, sólo cambiándole el nuevo Kremlin latinoamericano:

- *Los juicios de este libro parten del principio según el cual los acontecimientos no son buenos ni malos por sí mismos ni en sí mismos, sino que tienen el alcance y la significación que les da su trabazón dentro del devenir social. Quiero decir con esto que yo valoro la situación actual de* Venezuela, *más por la velocidad, el ritmo y el sentido del fenómeno revolucionario –que constituyen el dato viviente y esencial de toda historia-, que por el índice de los*

UN DISTRITO ELECTORAL PARA LOS PEX

resultados ya obtenidos, que es el dato anecdótico y muerto de la historia. La vida de un individuo o de un país exige, para ser comprendida, puntos de vista dialécticos, criterios en movimiento. La trascendencia de un hecho reside menos en lo que él representa en un momento dado, que en lo que él representa como potencial de otros hechos por venir. De aquí que en este libro insisto a menudo en acotar y hacer resaltar los valores determinantes de futuras realidades, mediatas o inmediatas, pero ciertas e incontrastables.

Si bien es cierto que nuestro individuo protagónico de esta historia anda ubicado en la duda de Hamlet, ser o no ser, entre dos países, el de origen y el de destino; también es verdad que su trascendencia reside no en lo que él tristemente representa en un momento dado, sino en lo que representa como potencial del tiempo por venir para nuestros casi cuatro millones de peruanos esparcidos por el mundo, pues como diría Vallejo:

¡Dichoso el niño que cae y aún llora y el hombre que ha caído y ya no llora!

UN DISTRITO ELECTORAL PARA LOS PEX

Relato electoral

EL COSTO DE UNA FIESTA ELECTORAL

(Mirada migratoria)

Recibí una llamada que me convocaba a no sólo acordarme de los míos, sino a confundirme con ellos, al extremo de compartir sus penas y alegrías, y sus esperanzas por un futuro diferente: me invitaban a participar de una agrupación política independiente y nueva en las elecciones de mi país de origen, después de más de dos décadas viviendo fuera:

— Bueno, pero dame detalles, ¿qué agrupación política es y qué tengo que hacer para participar?

— No tienes que hacer nada, sólo llenar unos documentos de inscripción que te voy a enviar. Esta es una agrupación política de reciente data que tiene como único propósito convocar a gente exenta de compromiso alguno con los partidos políticos tradicionales. Ellos se han interesado en tu currículum, y en unos días tienes que venir al Perú a apoyar la campaña.

Un tiempo después, se me venía a la mente esta llamada telefónica, ya en pleno vuelo sobre las aguas del Mar Caribe, rumbo a Lima. También recordaba que realmente si tuve que hacer muchos sacrificios para concretar la travesía, pero como se trataba del Perú, cualquier diligencia por dura que fuera, bien lo valía. Por ejemplo, las salidas diarias, en vivo, vía radial y web, desde el local del partido político que me convocaba, irradiando a nivel mundial a mis colegas candidatos al congreso y al que lideraba el grupo rumbo a la máxima magistratura del poder político peruano.

Gracias a ello pude medir el alicaído nivel de mis aliados, en el fragor de mis entrevistas que lo único que buscaban era comenzar a pulirlos en el debate político e ideológico. A la distancia no podía hacer mucho por

UN DISTRITO ELECTORAL PARA LOS PEX

contribuir con enriquecer los lineamientos que cada uno de nosotros debiera manejar por el bien de nuestra agrupación política. Lo que si percibí fue mucha sencillez en las candidaturas, como para sacarles provecho a la hora de confrontar con rivales cargados de un maquillaje político adulterado, poco identificado con nuestras mayoritarias bases populares.

Así, escuchaba con atención curiosos ejemplos de nuestro líder que provocaban sonrisas en nuestros oyentes y navegantes de la web, sobre hacer empresa en el Perú hasta con 10 soles de capital. Recurriendo a una bolsa de caramelos o fruta picada en múltiples pedazos para luego ser vendida detalladamente. Ejemplos que pese a causar sonrisas en la gente, fueron el principio de emporios económicos como el de Gamarra, uno de los centros textiles más renombrados de Sudamérica. Este prolegómeno de ideas que irradiaba, describía y descubría a través de mis entrevistas, me presentaba un Perú con apertura hacia la participación de todo aquel ciudadano o grupo de ciudadanos que decidiera hacer algo concreto por sacar adelante un proyecto país más justo y solidario. Pero había que abordar territorio peruano y hacer vida política en sus entrañas para comprobar si efectivamente era así de democrático.

Ni bien llegué me reporté al partido. Un apartamento hacía las veces de local partidario. Una figura similar a la que había observado en fotos por la web del líder que ya en varias ocasiones había entrevistado, pero femenina, me daba la bienvenida. Era su hermana, mano derecha del candidato. Esa misma mañana partimos rumbo a un lugar llamado Jicamarca, allá por el Cerro Camote, entre San Juan de Lurigancho y Chosica. Un inveterado Volkswagen a duras penas nos transportó hasta la zona. Eso sí, portaba un megáfono de aquellos clásicos vendedores de frutas limeñas que emitía un mensaje pre-grabado dando vivas por la agrupación política y por nuestro candidato. Todo continuaba indicando que, efectivamente, la democracia en el Perú era tan plena, que hasta con escasos recursos pocos discriminaban la aspiración política de nuestro grupo, por el contrario, en el trayecto muchas manos solidarias nos saludaban y se identificaban con nuestra peculiar forma de hacer política.

UN DISTRITO ELECTORAL PARA LOS PEX

llevaron incluso al canal del Estado a participar de un debate sobre "Defensa al Consumidor". Mientras mis colegas tocaban las clásicas defensas al consumidor de productos alimenticios y servicios mal suministrados, me atreví a realizar la defensa al consumidor del disparatado bombardeo político que diariamente recibía la población peruana, donde el supuesto candidato más preparado, era el que peor hablaba y más se atrevía a parodiar y vulgarizar su candidatura, dejándose agarrar hasta los genitales por el sólo hecho de llamar la atención de los electores. Entonces, qué se podía esperar del resto de candidatos que a pocos días del proceso electoral habían aceptado el veredicto del Jurado Nacional de Elecciones, que clasificó para un último debate transmitido a escala nacional e internacional por todos los medios de comunicación, sólo a cinco de los 10 candidatos en contienda. Clasificación realizada en base a unas encuestadoras privadas que evidenciaban una vez más, cuál era el motor principal que movía todo este circo electoral.

Sin duda, pasó desapercibida mi defensa al consumidor aquella tarde en la que leí ante las cámaras del canal del Estado, el Título III, Capítulo I, Artículo 61, de la Constitución Política del Perú, que a la letra dice: "*La prensa, la radio, la televisión y los demás medios de expresión y comunicación social; y en general, las empresas, los bienes y servicios relacionados con la libertad de expresión y de comunicación no pueden ser objeto de exclusividad, monopolio ni acaparamiento, directa ni indirectamente, por parte del estado ni de particulares*", como pasó desapercibido el carácter excluyente del último debate previo a la segunda vuelta electoral.

UN DISTRITO ELECTORAL PARA LOS PEX

UN DISTRITO ELECTORAL PARA LOS PEX

Pese a ello, al observar la nube gris que nublaba el suelo limeño desde el avión que me traía de retorno al extranjero, no perdía la esperanza de que algún día llegue alguien al máximo poder del Estado peruano y sea capaz de combatir este mercantilismo político, decretando que cuanto más afiches y spots publicitarios simplistas pretendan comprar al electorado, cuanto más vulgaridad sea el común denominador de los que intenten gobernar o legislar el país, menos tiempo tendrán en participar de estos medios o en cubrir estos espacios, pues de por medio está la salud mental de nuestro pueblo, y lo más delicado, su destino político. El Estado peruano no puede darle la espalda a sus diez millones de pobres, y dejar que hagan una fiesta de más de 37 millones de soles (casi 14 millones de dólares) los cinco partidos políticos con mayor poder económico en el Perú, que compran escaños como comprar puestos en un centro comercial limeño.

Son testigos: Jicamarca y Carabayllo; la soledad, la sequía, la garúa limeña, los pies descalzos…

UN DISTRITO ELECTORAL PARA LOS PEX

Relato de retorno

RENACER

A once años del siglo XXI, desesperado por los apagones propalados por Sendero Luminoso que lo dejaban en la penumbra de la ducha enjabonado y sin agua para enjuagarse, consiguió inventarse una beca de estudios, no importa no subvencionada por gobierno alguno, y tampoco hacia un país desarrollado, pero al fin y al cabo una beca que le permitía escaparse hacia otro status social tal vez menos precario que el que le ofrecía Lima, y sin duda menos atroz; hacia el Caribe venezolano. Le tocó aculturarse a una vida migrante que no tenía la menor idea que dependía de innumerables gotas de sudor en su afán de agenciarse a la vida. Así, estudiar y laborar fueron parte de su rutina diaria. Pero antes de salir de su país natal, mucho le valieron sus experiencias periodísticas, tanto que un día casi sin proponérselo en su nuevo entorno social, terminó laborando frente a un micrófono y detrás de una pluma, escribiendo y relatando historias, muchas de ellas migratorias. Si bien es cierto nunca acumuló riqueza ni mucho menos, pero pudo ganarse la vida escribiendo, estudiando, haciendo entrevistas, narrando historias y dando clases en Institutos y Liceos, es decir, en centros educativos, irradiando su generosidad, conocimiento y buena onda a través de ondas hertzianas que lo irradiaban. De su relación con una venezolana tuvo a sus dos adorados hijos, en medio de un país que se debatía entre el fin y supuesto nacimiento de una renovada República.

Había cumplido ya casi tres décadas hablando caribeño, que pese a no ser otra lengua sino el mismo español, le recordaba que tenía más años de vida radicados fuera del mapa que lo trajo al mundo que los que había vivido antes de irse en su país natal. Era más de allá que de acá. Y la vorágine de los acontecimientos políticos que lo rodeaban una vez más lo ponían en jaque. Muchos de aquellos últimos momentos le recordaban los apagones aquellos que lo expulsaron de su país de origen. Todo volvía a repetirse, tal cual lo había vivido antes, las arengas reivindicatorias del pueblo pobre, y sin embargo, la aparición de nuevos

UN DISTRITO ELECTORAL PARA LOS PEX

ricos alrededor de un poder castrense que lo imponía todo, a fuerza de rodar a la aventura, no augurando libertad sino todo lo contrario, adormecían el panorama. Aun así, su voz en el aire fluía, su pluma se deslizaba con facilidad hilvanando una realidad que todos querían conocer más allá de las fronteras. Los primeros años describiendo lo positivo de todo aquello, más adelante llegando al borde de sentir la mordaza de un sistema que había claudicado ante los cuarteles. Experimentó una sensación intelectual desconocida hasta ese momento: un mutismo y bloqueo existencial. Observaba el monitor del CPU y su mente no atinaba a hilvanar una idea válida o coherente con aquellos que de una u otra forma permitirían que un determinado parafraseo salga al aire. Ya un general de la aviación venezolana le había advertido aquel mutismo necesario, una tarde en la cual antes de salir al aire aquel castrense le entregara una hoja de preguntas preparadas para la entrevista en vivo que le realizaría. Ante la negativa de remitirse a aquel cúmulo de preguntas preparadas por el alto mando militar, caería su primer baldazo de agua fría que lo comenzaría a sacar del mapa venezolano.

Días, semanas, meses anduvo así, fuera del aire, incluso en su vida cotidiana el silencio copó su escena existencial. El agobio y este silencio forzado produjeron una especie de calambre intelectual, donde de una u otra forma pujaba por hilvanar unas palabras pero al mismo tiempo callaba, cual futbolista acalambrado con ganas de seguir jugando y dando la pelea, pero sin poder hacerlo.

La madre de sus hijos, quien muchas veces se había negado a salirse del mapa acostumbrado que la trajo al mundo, inquieta por aquel extraño momento, le propuso aceptar una migración total hacia su tierra. Desde el fondo de su forzado mutismo, él aceptó. En medio de ello, hubo un extraño melodrama sentimental que casi los separa, pero pudo más la incipiente formación familiar de los niños para criarse al margen del sistema acuartelado que los venía formando, que cualquier arrebato extrafamiliar.

Había que deshacerse de todo lo construido en años en menos de lo que canta un gallo. Así de literal fueron aquellos últimos días caraqueños

UN DISTRITO ELECTORAL PARA LOS PEX

donde la venta se convirtió en remate y el remate finalmente terminó en regalo. Enseres, ropa, recuerdos, hasta el negocio de comida en un pequeño centro comercial lo tuvieron que rematar con todo vitrinas y nevera. Y aun así, la precaria moneda caribeña a duras penas alcanzaba para comprar unos cuantos dólares. Ni hablar de los papeles de los niños. Faltaban pocas horas para abordar el vuelo a Lima y aún no terminaban de emitirle el pasaporte a su pequeña niña. Uno de los funcionarios susurró que era una premisa proteger el futuro de la nación impidiendo que los niños venezolanos sean sacados del país. De modo que no había pasaporte alguno que esperar, y con ello, tampoco viaje alguno, pues o eran los cuatro o ninguno los miembros del clan familiar a viajar. Sólo había una causal que podría romper aquel impedimento premeditado por la oficina de migraciones venezolana, y ese era nada más y nada menos que una causal de muerte de un familiar en su país de origen. Aquello realmente había acontecido algunos años atrás, y efectivamente un comunicado con la partida de defunción de la madre, abuela de los niños, era parte del archivo del escritorio familiar, al cual tuvo que recurrir el nervioso papá para que con la magia de fotoshop, cambie la fecha y le dé vigencia y premura a los recepcionistas de la misiva en la oficina de migraciones-Venezuela.

Con la niña a cuestas, para ver si los poco sensibles funcionarios de migraciones se conmovían, padre e hija esperaban religiosamente entregados a la memoria de su abuelita, que el bendito pasaporte les sea entregado. Y en el nombre de Dios se hizo el milagro. Se abrazaron y lagrimearon, mientras el reloj les jugaba en contra, pues ya casi no quedaban minutos para ir a terminar de preparar las valijas y conducirse al aeropuerto. El calor arreciaba y no había tiempo de escoger qué llevar o qué dejar de llevar, pues como sabemos los equipajes en los aviones son limitados y si te pasas del peso, debes pagar un adicional por ello. Así, al terminar de contar los paquetes, había tantos que faltaban manos para cargarlos. Y lo peor de todo, faltaban vehículos dispuestos a hacerles la carrera. Corrían los minutos y ya era poco probable llegar al aeropuerto dos horas antes del vuelo como exige el abordaje internacional. Por fin, un destartalado taxi se animó a llevar todo aquel cúmulo de bultos, y en medio de ellos, a la extasiada familia.

UN DISTRITO ELECTORAL PARA LOS PEX

Tras llegar al aeropuerto de Maiquetía, nuevamente a correr al abordaje o bording pass, en medio del calor caraqueño, y luego de tanto esfuerzo, descubrir que habían cerrado el abordaje. Faltaba una hora para que despegue el avión pero dos horas antes como es norma de abordaje internacional, cierran la ventanilla y toda la tripulación se dirige al avión. Una vez más, retornaba aquella sensación de vacío existencial, de mente en blanco, pero ya no sólo en el protagonista de todo aquello, sino en el grupo familiar. Como que se habían contagiado unos a otros al darse cuenta que lo habían perdido todo y que aquel pasaje casi imposible de comprarlo en medio de un sistema que a diario cerraba empresas y líneas aéreas, literalmente lo estaban perdiendo. Ya LATAM anunciaba que ese era uno de sus últimos vuelos que salían de Caracas no sólo aquel crucial día, sino en los días sucesivos por venir. Dónde retornarían tras no abordar el avión, si lo habían rematado todo, repito, incluso el lugar donde vivían, el negocio que les permitía subsistir, los enseres, la cocina, lavadora, nevera, hasta las camas. Dónde, si se habían despedido de todo, dónde, "acaso vine a darme lo que estaba destinado para otro…", susurraba el jefe del grupo familiar.

Hasta que súbitamente, tal vez alguien leyó aquellas acalambradas mentes que se debatían en la duda de Hamlet, ser o no ser, leyó sus auras, y se apiadó de aquel cuadro familiar. Era una aeromoza que sigilosamente les dijo que iban hacer una excepción con ellos. Pasó sus maletas sin pesarlas y los dirigió directamente a abordar el avión tras comprobar sus respectivos tickets. Una vez más retornó el aire y la alegría a aquellos rostros, en especial a los niños que tras estos duros momentos parecían madurar antes de tiempo, parecían no estar preparados para ello, como era de suponerse, al arrojar una que otra lagrimita. Fueron ubicados en sus respectivos asientos y cuando todo parecía listo para el despegue, de pronto una maquiavélica voz por el auricular pide que baje del avión el representante del grupo familiar. La desesperación volvió a apoderarse de la madre rodeada por sus niños que no comprendían el por qué sólo su padre tenía que bajarse del avión. Papá con el rostro pálido era conducido por dos militares hasta el hangar del avión. Era una especie de sótano donde se encontraba el equipaje. Allí tras revisarlo minuciosamente sin mediar palabra alguna, procedieron a abrirle las maletas, una tras otra, desordenando sus cosas buscaban alguna prueba que lo involucre con algún tipo de sabotaje al sistema. Al no encontrar nada, atinaron a decirle ¿por qué llevaba tantas cosas, acaso no pensaba volver? ¿Se está llevando a los niños para siempre? ¿No nos mienta, estas maletas no parecen de vacaciones? En esta ocasión aquel extraño mutismo y mente en blanco de alguna forma le sirvió para soportar el vendaval de insinuaciones y amenazas castrenses que lo tuvieron al borde de no volver a abordar el avión. Hasta que finalmente los militares entraron en cansancio y se dijeron unos a otros, déjalo que se vaya, el hombre parece estar diciendo la verdad. No había dicho nada, sólo su elocuente silencio no aceptando las insinuaciones castrenses habían hablado más allá de las palabras. Déjalo que él mismo termine de arreglar sus maletas y que un soldado lo lleve de retorno al avión. Cuando finalmente así lo hizo, el joven militar que lo condujo de vuelta al avión, al despedirse le dijo: amigo, ¿usted cree que si alguna vez decido irme a Perú conseguiría trabajo? Se miraron fijamente y sin mediar palabra alguna se estrecharon la mano y en medio de ello, una tarjeta con su ubicación en Lima quedó en las manos del soldado. En esta ocasión, retornar al avión fue como subir al cielo, donde sus angelitos esperaban por la presencia de su amado padre.

Llegaron a Lima, a la casa de un amigo en Miraflores, con el dolor a cuestas. Ya habían venido en otras oportunidades pero de vacaciones, y habían sido recibidos por la familia, pero ahora a esta hora en la que la tierra trascendía a sangre amada y que era una venida sin retorno, fueron los amigos los mejores familiares. Por cierto, este amigo tenía una experiencia migratoria de más de dos décadas en la tierra del sol naciente, Japón, de allí que solidarizarse con este tipo de circunstancias no era más que parte de un paisaje conocido y sin duda sufrido. Allí estaba la polvorienta Lima, gris y húmeda, con el aroma de sus sabrosos potajes y su bulla característica que todo lo quiere vender y comprar. Abuelos solitarios, que difícilmente transitan por las calles caraqueñas, aquí van solos y bien erguidos, atravesando parques, árboles y arbustos secos. Casonas intangibles al paso del tiempo ponían en duda la tan mentada ciudad de los temblores. Una invitación hacia una congregación religiosa en la que la fe cristiana se canta y se baila formó parte de aquel

UN DISTRITO ELECTORAL PARA LOS PEX

terminar de aterrizar en la vieja ciudad de los reyes. Normalmente las misas católicas no cantan el himno, salvo en circunstancias especiales, sin embargo, estos hermanos en Cristo tienen como premisa entonar el himno patrio en cada una de sus reuniones. Cuando se inició aquel estruendoso "somos libres" el jefe del recién llegado clan familiar sintió que sus piernas comenzaron a temblar y sus ojos lagrimearon.

Al día siguiente, el jefe del grupo familiar se levantó presuroso para abrir su laptop y comprobar si se atrevía a hilvanar ideas, parafraseos, como normalmente lo hacía, antes de aquel calambre intelectual que lo afligió durante los últimos tiempos allá en el Caribe. Escribió unas líneas sin dejar el temblor que últimamente lo acompañaba, cada vez menos muerto de miedo por saberse liberado de aquel cuadro castrense que le impedía discernir sus ideas. Las palabras fluyeron y llenaron las páginas, y en cada línea sentía una liberación, un desfogue.

Así nacieron estas líneas que acabo de resumir sucintamente, como si se tratara de algo normal hablar de mí en tercera persona y no en primera. Quizás así el dolor es menos doloroso y el caos psicológico que de alguna forma llevo conmigo, también. Redescubrir mi lenguaje habitual con todos mis barbarismos limeños, mi jerga olvidada, mi quechua, sustituido por el lenguaje aprehendido como inmigrante, que luego de aquel bloqueo traumático, redescubre mi acento natal, y a la vez recupera mi vocación que creía haberla perdido debido a los cuarteles.

Siempre tuve el espíritu vallejiano de ser un ciudadano del mundo, de aquellos que observa las líneas divisorias entre nuestros países como puntos de unión y no de división. Quizás lo más rescatable de las redes sociales y la globalización sea esto. Pero la verdad sea dicha, la lengua originaria en que uno aprende a nombrar a la familia y las cosas que nos rodean en este mundo, es la patria, que luego tras experiencias vallejianas uno va perdiendo, olvidando, confundiendo, siendo esa probablemente la situación más difícil por la que atraviesa cualquier inmigrante, esa multitudinaria ola humana que día a día se expande por el mundo, siempre, vallejianamente, valga el término, es decir, expansión migratoria que se produce ante el abismo existencial entre los países

UN DISTRITO ELECTORAL PARA LOS PEX

prósperos y los miserables. Había dejado mi patria enclaustrada en la miseria hacía casi tres décadas, y ahora me tocaba dejar mi segunda patria bajo matices similares, elevados a la enésima potencia. Ambos países subdesarrollados y sin embargo, uno había resurgido de las cenizas, mientras el otro se había sumergido en ellas. Había aprendido a vivir y pensar en lengua caribeña, pese a ser la misma lengua, es decir, en otro modo de entender y ver el mundo ancho y ajeno que nos rodeaba.

Da la impresión que fuera fácil transmitir todo esto que les cuento, pero conseguir integrarse a un nuevo país por más que sea el originariamente tuyo, tiene sus bemoles. Y ni hablar si no es el tuyo, integrarse y ganarse un nombre, es toda una odisea. Quizás por ello un viejo amigo venezolano antes de iniciar el retorno a suelo patrio me dijo: aquí te has ganado un nombre, y vaya que te ha costado mucho sacrificio. Allá serás uno más. El pueblo que dejaste ya no existe, ya todos se fueron o no están, incluida la familia. Piénsalo bien, de alguna forma tienes que estar dispuesto a renacer. Y si bien es cierto que con el paso del tiempo uno se mimetiza o renace con todas las costumbres y cultura del pueblo que lo cobija, también es verdad que pervive siempre, adherido posiblemente en lo más íntimo y secreto de la personalidad, esa raíz originaria, ese punto de partida, hecho paisaje, memoria, lenguaje, gentilicio, una nostalgia que cual caudal de un río, vuelve por su cauce natural a reclamar sus fueros, su familia, su pueblecito donde pasó su infancia, su ciudad que lo vio dar sus primeros pasos.

De primera impresión toda esta sensación patriótica está bien, siempre y cuando no se caiga en los extremos del caudillismo y la política. Si los estadios se llenan para aplaudir a sus clubes, a su selección, para aplaudir a sus deportistas, a sus artistas, a sus chefs, y se canta, se baila, se degusta lo propio con orgullo, y lo más importante, se recibe y se comparte con solidaridad, y con todas las razas y credos del mundo, si se cumple con todas estas premisas, la patria será grande como la soñaron nuestros ancestros. Será un amor a lo propio sin caer en patrioterismo.

UN DISTRITO ELECTORAL PARA LOS PEX

Relato Final

ESTADOS FALLIDOS

Decidí salir de un estado fallido como el venezolano, donde la gente comenzaba a andar literalmente desnuda por las calles caraqueñas rebuscando en la basura algo qué comer. Niños en la intemperie convertidos en aves rapaces, carroñeras, denominadas "zamuros", especie de buitres que andan rebuscando comida en los basurales. Gente sin trabajo, sin dinero para pagar su vivienda o alquiler. Gente que no sabía qué le depararía el futuro inmediato, peor a largo plazo, pues sentían ir muriéndose a pausas. Muchos al borde de la locura y del suicidio. No me digan que estoy mintiendo. Que las encuestas decían lo contrario. Que el mandatario tenía una aprobación del 60 o 70%, o que ya estábamos saliendo de la crisis. No me digan que en casi 30 años de socialismo sólo teníamos unos cuantos hospitales con alcohol y papel higiénico, ni hablar

UN DISTRITO ELECTORAL PARA LOS PEX

de los respiradores y Unidades de Cuidados Intensivos (UCI). Y todo supuestamente por culpa del imperio y de los traidores de la patria.

Bueno, ahora el estado fallido es el peruano, donde la gente comienza a andar literalmente en pelotas por las calles limeñas rebuscando en la basura algo qué comer. Gente sin trabajo, sin dinero para pagar su vivienda o alquiler. Gente que no sabe en qué terminará todo esto y que ha dejado de apreciar aquel futuro cierto que hace poco nada más celebraba los Juegos Panamericanos, y recibía a medio mundo, por turismo y razones humanitarias. Hasta Bill Gates nos catalogó de "segundo mundo". Dónde está el respaldo de aquellas estadísticas, de aquellos halagos. No me digan que en casi 30 años de capitalismo casi no teníamos respiradores ni camas UCI para este tipo de emergencias sanitarias. Como diría Juan Luis Guerra: "No me digan que los médicos se fueron. No me digan que no tienen anestesia. No me digan que el alcohol se lo bebieron. Y que el hilo de coser fue bordado en un mantel. No me digan que las pinzas se perdieron. Que el estetoscopio está de fiesta. Que los rayos x se fundieron y que el suero ya se usó para endulzar el café"…

¿Será cierta la popularidad del presidente que no bajó del 60 o 70% durante casi toda la cuarentena, gracias a sus cadenas televisivas que nos vendían la esperanza de estar saliendo de la crisis o que ya andábamos alcanzando la supuesta "meseta"? Ahora que estamos en la cima de contagios, podemos apreciar todo aquello y darnos cuenta que tampoco es cierto que estos congresistas hayan logrado para bien superar a sus antecesores, salvo contadas excepciones.

Tengo mis dudas sobre cómo se han venido manejando estos asuntos, más aún ahora en esta hora en la que una vez más se vuelve a dar una orden "cuartelaria", en la que la desoxigenada familia, no podrá salir a respirar precisamente el día de la semana que tras sus labores cotidianas puede hacerlo: los domingos. Una vez más una orden de cuartel impide el libre albedrío, pese a que la Constitución lo prohíbe. Como si las estadísticas del día lunes que por más de cien días se impusieron a los peruanos hubiera arrojado menos contagiados. Sin duda, una vez más

UN DISTRITO ELECTORAL PARA LOS PEX

estamos frente a una especie de fujimorazo que de un día para otro, en un solo discurso, devaluó la moneda al extremo de empobrecer a los peruanos de aquel tiempo. En esta ocasión fueron varios los discursos que justificaron la injustificable pérdida millonaria de grandes y pequeños negocios, de seres que de un día para otro lo perdieron literalmente todo.

¡Pero si esto le está pasando a todo el mundo!, dirán algunos. Lo cual una vez más es poco cierto, hay quienes viven en cómodas burbujas. No me digan que como acontece en la contraparte socialista, su mandamás se alimenta a lo pobre como su pueblo. Y que aquella exuberante barriga que salta a la vista, es producto de un exceso de gases y no de comer a la carta y selectamente. Y que es falso que su cúpula de correligionarios y amigos del poder comunista, consecuentemente carezcan de carne y whisky, si se les apetece. Lo mismo podemos inferir del régimen pro-capitalista peruano. Mientras el pueblo pobre no encuentra cómo llenarse la barriga, su presidente y sus "Richard Swing" no hallan como hacer dieta. A Dios gracias no se trata del barrigón de Alan García, sino del "flaco" que llegó a Palacio, casi por obra y gracia del espíritu para nada santo de PPK y Keiko. Sin embargo, ninguno de ellos deja de comer pollo, pescado o carne, ni mucho menos requiere de una olla común, mientras el pueblo de a pie, bien gracias. Incluida la prensa amarillista que se encarga de describir todo esto a favor del gobernante de turno y su supuesto nuevo gabinete.

Ha quedado en evidencia que todos estos gobiernos que anduvieron ocupando Palacio durante estos años aciagos que describo, sólo nos trajeron corrupción, desempleo, miseria, represión y muerte. Que cada cinco años cambiamos de rostro, en base a nuevos discursos, nuevas promesas, pero el personaje sigue siendo el mismo, insensible y traidor al pueblo que ciegamente confía en un cambio. Como el último cuento de hadas antes de la pandemia: "la celebración del bicentenario con ribetes de oro y una economía del primer mundo".

Ha llegado la hora de las grandes decisiones. Ya la paciencia se le acabó al pueblo pobre y también las ganas de oír al huésped de Palacio de Gobierno. Para las grandes mayorías aquél "quédate en casa" sin hacer

UN DISTRITO ELECTORAL PARA LOS PEX

nada suena como una invitación a la muerte, pues los sonidos de las ollas vacías rondan sus pensamientos y el hambre aprieta. Salir, en cambio, implica algo más coherente, ir a dar la pelea y si hemos de morir, pues que sea peleando. Eso de quedarse en casa no es para los pobres, es una expresión elitista, de la cual sólo se pueden vanagloriar los ricos, los que se creen clase media o simple y llanamente los que tienen casa propia y viven de sus rentas o los que tienen carne, pollo o pescado en sus despensas. No hay término medio entre la espada y la pared en la que estamos, o te quedas en casa y admites tu exterminio o sales a la calle a pelear aunque te cueste la vida en el intento. Nadie es valiente al hacer esto, sólo es una especie de padre o madre protectora de sus hijos, entregada en su máxima expresión humanitaria por nuestros padres o abuelos, por nuestra familia. Se trata de la supervivencia del ser humano en un tiempo donde ya nadie, absolutamente nadie, tiene nada que perder, menos los materialmente pobres, pero ricos y llenos de humanidad.

UN DISTRITO ELECTORAL PARA LOS PEX

UN DISTRITO ELECTORAL PARA LOS PEX

APUNTES BIBLIOGRAFICOS

(*) Jorge Carrión Rubio (JCR), nació en Lima-Perú un 6 de junio, fecha en la que se celebra el "Día del Radiodifusor en Venezuela". Emigró a los 23 años a tierras bolivarianas un 8 de diciembre de 1989, que por paradojas del destino, se conmemora el "Día Nacional del Locutor en el Perú". Es decir, escrito estaba el destino comunicacional del autor de "Intelectualidad Bolivariana en tierra de los Incas", "Amores Asháninkas", "Cómo hacer radio y no morir en el intento", entre otras obras.

JCR pertenece a la generación de hombres de radio que promociona la Escuela de Comunicación Social de la Facultad de Humanidades y Educación de la Universidad Central de Venezuela (UCV), con el número 26778 y certificado de Producción Nacional Independiente N° 852. Es docente con estudios de pedagogía en la Universidad Simón Rodríguez (UNESR) y tiene un *Bachellor in Science Degree of Hispanic University Utah, USA*. Actualmente preside la Fundación Universidad Hispana (FUNHI) cuyo contacto directo es: www.distincionhonoriscausa.com y email: jorgecarrionrubio@hotmail.com

(**) Cita de la Universidad Nacional Experimental Simón Rodríguez. (UNESR)
(Foto superior: Disertación de JCR en la Universidad de Ingeniería del Perú, 2011, a propósito del Debate Presidencial por la Educación, donde estuvo como candidato al Congreso de la República peruana).

JCR (arriba) en plena actividad periodística en el área del Caribe. (Abajo, parte central) en plena firma del Convenio entre la Fundación Universidad Hispana (FUNHI) que preside, y el Instituto de Estudios Vallejianos de Trujillo-Perú, presidido por su fundador el Dr. César Alva Lescano (Q.E.P.D.). Lado izquierdo: cantautor "Pepe" Alva, lado derecho: Carlos Osores de la FUNHI.

BIBLIOGRAFIA GENERAL

- Constitución Política del Perú, Impresa por el Congreso de la República con el apoyo de la Agencia Española de Cooperación Internacional para el Desarrollo, enero, 2010.

- Comisión Económica para América Latina, "Migración Internacional, Derechos Humanos y Desarrollo en América Latina y el Caribe", Montevideo, 2006.

- De los Ríos, J. y Rueda, C. "Fuga de Cerebros en el Perú: sacando a flote el capital hundido", Economía y Sociedad 58, CIES, 2005.

- José Matos Mar. Desborde popular y crisis del Estado. Veinte años después. Fondo Editorial del Congreso del Perú. 2004

- José Luis Cordeiro, "El Desafío Latinoamericano y sus cinco grandes retos", Mc Graw Hill Interamericana, 1995.

- Organización Internacional para las Migraciones, Misión Regional para los Países Andinos, "Sobre migración en América", 2008.

- Rusia en 1931, reflexiones al pie del Kremlin, Ediciones Ulises, 268 páginas, 1931

- UNESCO, 1992. Informe Mundial Sobre la Educación 1991. París; UNESCO.

- Congreso de la República del Perú, información virtual, www.congreso.gob.pe.

www.ingramcontent.com/pod-product-compliance
Lightning Source LLC
Chambersburg PA
CBHW072140170526
45158CB00004BA/1453